JN079570

ヤバいぜ！聖書《バイブル》

あなたに贈る40のメッセージ

明治学院テキスト作成委員会［編］

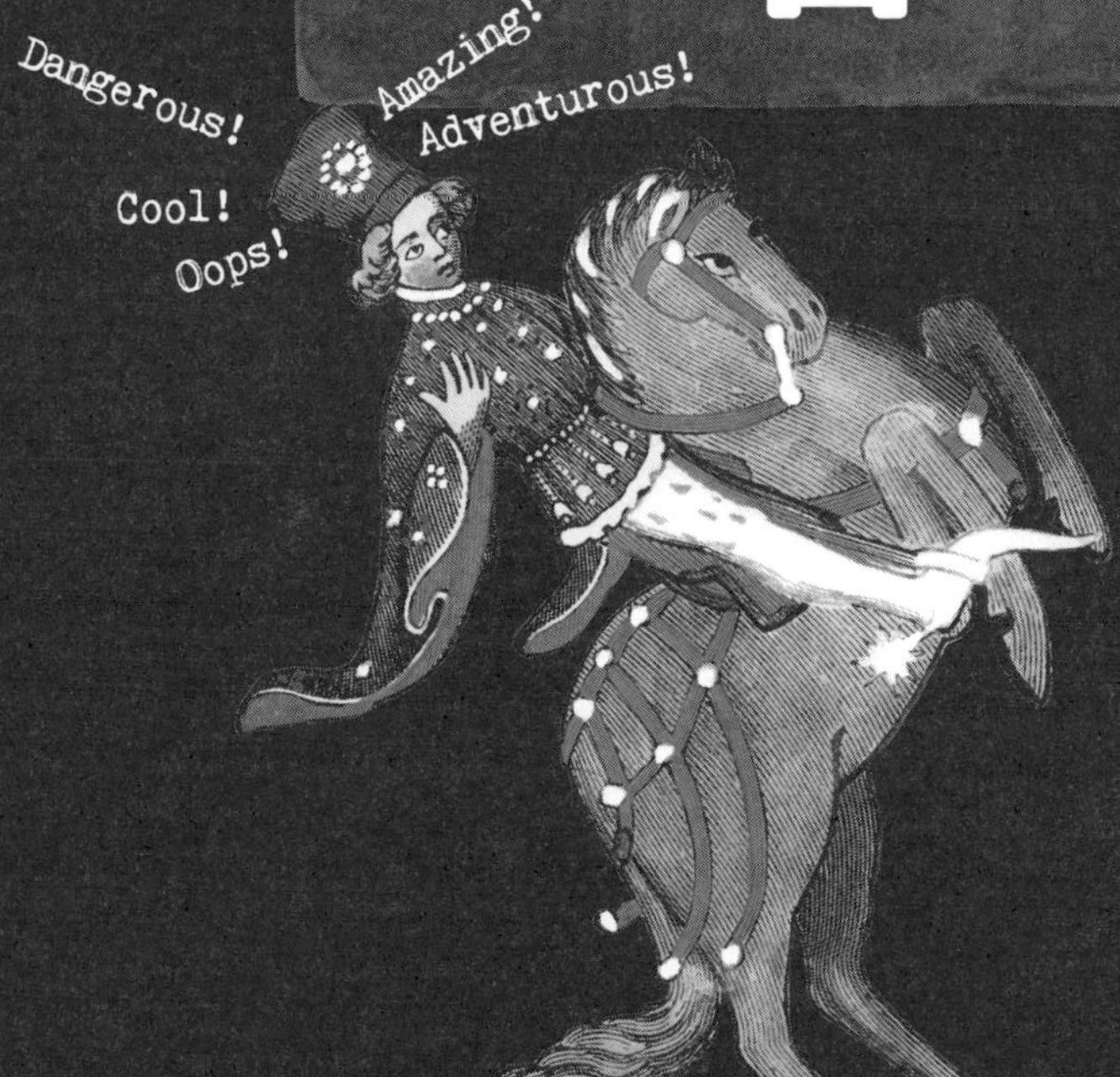
Dangerous!
Amazing!
Adventurous!
Cool!
Oops!

新教出版社

やば・い《形》（中略）② のめり込みそうである。『広辞苑　第七版』より

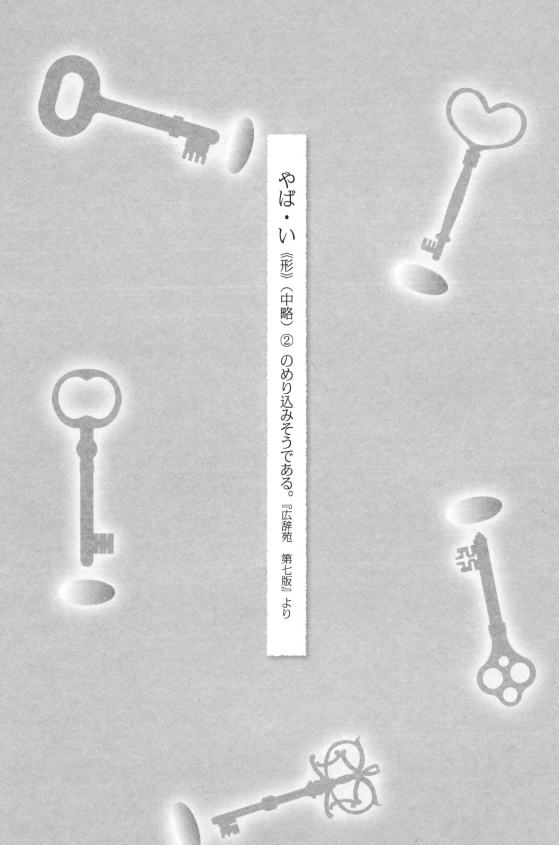

はじめに

聖書には無数の「穴」が空いています。虫喰い？　もちろん違います。その「穴」は紙に空いているのではなく、聖書のことば自体にある「穴」です。その「穴」は実際に読んで初めて見つけることが出来ます。まずはパラパラと好きなところをめくってみましょう。見つかりましたか？　なぜかよく分からないけれども心惹《ひ》かれたり、強く反発を感じるところがあったら「穴」の可能性が高いです。誰々が何歳まで生きて、誰かを産んで…とか、山羊《やぎ》の毛を使って一一枚の幕を作り…とかいうところに出くわすと探す気が失せるかもしれません。「そもそもなんの穴なんだ」という声も聞こえてきそうです。

この「穴」は鍵穴です。そしてこの鍵穴が無数にあるわけですが、その99パーセントはあなたにとって無意味に見えるかもしれません。でも、少なくとも一つ、あなたのために何千年も前から用意されている「穴」があります。実は、あなた自身がこの「穴」に当てはまるカギなのです。あなた自身が壮大な物語を起動させるカギです。

あなたがカギとなってこの聖書の物語を起動させると、景色が一変します。古くさいカビの生えた神話集にしか見えなかったものが、生々しくヤバい感じになります。物語の舞台には、未成年には少々早い一幕もありますが、ダイナミックなドラマの大切な役者として、あなたの場所が用意されています。思いがけない人たちとの出会いも待っています。そこで力いっぱい踊り、歌い、泣き、笑い、そして楽しんでください。それはまるで天国のようだとは言いません。結構ハードなシーンもありますから。でも一度この舞台に立つと、今の時代を生きる、この先待ち構えている困難な時代を生きる力が不思議に湧《わ》いてきます。

残念ながらこの「穴」は自分で見つける以外に方法がありません。けれどもすでに物語を起動させて、一変した景色を知っている人から触発を受ける可能性は大いにあります。この本の執筆者たちもそうした触発をたくさん受けて、この本を書くことになりました。

この本では膨大《ぼうだい》な聖書のうちたった四〇箇《か》所しか取り上げていません。これだけで聖書をカバーしていると思わないでください。あなたにとって必要な「穴」はたぶん別の箇所にあって、あなたに見つけてもらうことをずっと待っているのです。あなたのために用意された物語を起動させる旅に、さあ出かけましょう。

Contents
目次

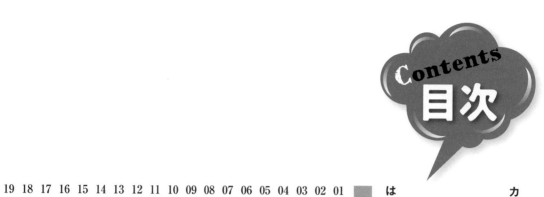

新約聖書のメッセージ

illustrated by Whitemay © iStock

表紙について

中世イングラインドの詩人、ジェフリー・チョーサー（1343-1400年）の代表作『カンタベリー物語』のなかに出てくる「騎士の従者の話」。本書の表紙にあるのは「エレスメア装飾写本」に描かれたこの場面で、馬にまたがった従者のイラストを現代作家が模写したものですが、これを、聖書の「ヤバさ」に驚いて落馬しそうになっている姿（実は従者よりも馬のほうがもっと驚いているのかも？）に見立ててみました。従者の口からは、“Amazing!”（びっくり！）、“Adventurous!”（ぞくぞくするぅ！）、“Dangerous!”（アブナい！）、“Cool!”（カッコいー！）、“Oops!”（うっ、やっちゃった！）等々、日本語の「ヤバい」に近似の言葉が叫ばれています。でも「ヤバい」は、厳密には英訳できませんよね。

新約聖書の使徒言行録９章にはダマスコに向かう途上で復活のイエスの顕現に遭遇して地面に倒れ伏したサウロ（のちの使徒パウロ）の記事が描かれていますが、パウロもイエスのヤバさに思わず打たれたのかもしれません。イタリアのカラヴァッジオ（1571-1610年）の「聖パウロの回心」をはじめとして、この「天からの光に照らされ、落馬して地に倒れ伏すパウロ」のシーンを描いた西洋絵画はたくさん残されていますが、使徒言行録そのものにはパウロが馬に乗っていたとはひと言も書かれていません。や、ヤバい！（笑）

長尾　優（装幀、本文組版も）

The Old Testament

旧約聖書のメッセージ

メッセージ01

あなたはそのままで素晴らしい

創世記　一章二七節

神は御自分にかたどって人を創造された。／神にかたどって創造された。／男と女に創造された。

解説

創世記を読むと疑問が沸《わ》き上がる時がある。「本当に神が人間を創ったのか」「人間が勝手に神を作り出しているのでは」「男の肋骨《ろっこつ》から女を作るのは差別ではないか」。こんな疑問が出てくると創世記は現代人には信じがたい作り話のように思えるかもしれない。

面白いのは、創世記が当時知られていたバビロニア神話を下敷きに書かれている点だ。元ネタの神話を全く別の話に改変しているのである。繁栄と文明の中心だったバビロニアの神話では、神々が面倒な肉体労働をしなくてすむように、倒した軍神の血から人間を作ったことになっている。

このバビロニア神話は適当な空想を書き綴《つづ》ったのではなく、はっきりとした目的をもっていた。それは、人間はそもそも神々の奴隷であり、兵士として作られたと主張することだった。

バビロニアでは、生きた神として君臨する権力者からしたらふつうの人間は使い捨て可能な便利な道具にすぎなかった。機会あるごとに、繰り返しそんな話を聞かされていれば、みんな「人間ってそんなもんだ」と思ったはずだ。役に立つか立たないか、それが人間評価の世界基準だったのだ。時代や地域を越え、呆《あき》れるくらいその伝統は今日まで続いている。

こうした繁栄の背後にある人間の使い捨てに対して、聖書の創世記は真逆の主張をするためにこのバビロニア神話を大胆に書き換えた。神が人間を作るという点ではバビロニア神話と同じだが、目的が全く違うのだ。創世記は「神にかたどって」人間が創造されたと宣言する。「神のかたち」とは古代オリエント世界で王の称号だった。神はすべての人間を王のような崇高《すうこう》な存在として創ったと言うのだ。当然だけれど王は簡単に使い捨てできない。

さらに念を押すように男と女に創造したとも語る。普通に理解すれば、これは女も男も同じように王者としての尊厳を持つことになる。女性も王者なのだ。しかもそれぞれ異なる存在として創られた訳だから、違っていても同じ尊厳を持つことになるはずだ。つまり、創世記は古代の常識だった「神々の奴隷で

あなたたちの食べ物となる。』」（創世記1:29）

兵士」という人間理解を覆《くつがえ》した、世界最古の人権宣言とも言えるのだ。

このことの意義は大きい。人間の価値は役に立つかたたないかだという「神話」が、あちこちから今でも聞こえてくるからだ。「おまえ、本当に使えねえヤツだな」とバイト先や部活の先輩に言われようと、「あんたなんか産まなきゃよかった」と親から言われようと、「自分なんかいてもいなくても世界は変わらないんじゃないか」と自分で思っても、聖書の神は「それは違う!」と叫んでいる。

「わたしの目にはあなたは高価で貴《とうと》い。だれかが否定しても、自分で否定してもそんなのは関係ない。あなたはもうそのままで素晴らしい!」一見すると非科学的な神話に見える創造の物語は、存在するすべての人が、この世界が、素晴らしいことの宣言なのだ。

けれども長い歴史の中でこの存在の肯定の宣言は何度も歪《ゆが》められてきたことも確かだ。人種、性別、職業、居住地、性的指向の違いが、人間の価値の違いのように語られてきた事実をわたしたちは知っている。だからこそ通説・権威を疑い、聖書が語るままのメッセージを受け止める姿勢がわたしたちには求められている。

*クロスリファレンス　新約09もあわせて見てみよう

資料

《資料１》

世界人権宣言

1948年、第３回国連総会で採択された人権に関する宣言。

第１条

すべての人間は、生れながらにして自由であり、かつ、尊厳と権利とについて平等である。人間は、理性と良心とを授けられており、互いに同胞の精神をもって行動しなければならない。

第26条

1. すべて人は、教育を受ける権利を有する。教育は、少なくとも初等の及び基礎的の段階においては、無償でなければならない。初等教育は、義務的でなければならない。技術教育及び職業教育は、一般に利用できるものでなければならず、また、高等教育は、能力に応じ、すべての者にひとしく開放されていなければならない。

2. 教育は、人格の完全な発展並びに人権及び基本的自由の尊重の強化を目的としなければならない。教育は、すべての国又は人種的若しくは宗教的集団の相互間の理解、寛容及び友好関係を増進し、かつ、平和の維持のため、国際連合の活動を促進するものでなければならない。

3. 親は、子に与える教育の種類を選択する優先的権利を有する。

第30条

この宣言のいかなる規定も、いずれかの国、集団又は個人に対して、この宣言に掲げる権利及び自由の破壊を目的とする活動に従事し、又はそのような目的を有する行為を行う権利を認めるものと解釈してはならない。

Active Learning アクティブラーニング

1 学校はありのままの自分を肯定する場になっているだろうか。そう思う点、思わない点を具体的に挙げ、議論してみよう。

2 女子校、男子校、共学など教育の場で性別の区別はどのような意味を持つだろうか。それぞれの長所・短所をまず自分で考え、次にグループで議論してみよう。

3 権力者や指導者など強い影響力を持つ人が自分に都合がよいように聖書を読み、解釈することを避けるにはどうしたらよいか。世界人権宣言の第30条を参考に考えてみよう。

聖書はみだしコラム

「神は言われた。『見よ、全地に生える、種を持つ草と種を持つ実をつける木を、すべてあなたたちに与えよう。それが

▶アダムとエバはベジタリアン。

メッセージ 02

ひとところに安住しない旅に出かけよう

創世記　一二章四―五節

アブラムは、主の言葉に従って旅立った。ロトも共に行った。アブラムは、ハランを出発したとき七十五歳であった。アブラムは妻のサライ、甥《おい》のロトを連れ、蓄《たくわ》えた財産をすべて携《たずさ》え、ハランで加わった人々と共にカナン地方へ向かって出発し、カナン地方に入った。

解説

海外伝道を志し、いったんは挫折したヘボンが日本伝道のためにニューヨークを出発したのは44歳の時だった。彼はニューヨークで開業医として成功していたけれども、全財産を売り払い、宣教医として妻クララと日本に向かう。

ヘボンと日本との出会いはこうして始まった。けれども日本にやって来たのは、彼自身の決断を超える大きな流れとも深い関係がある。それは宗教改革から始まったプロテスタント、そしてその流れの中でもピューリタニズムと呼ばれる運動と大きな関わりがあるのだ。これは変革を本質的な特徴としたため、自らのあり方自体も大きく変えていく原動力を内包していた。その特徴は聖書主義、民主的な意志決定、移住といってよい。

聖書主義

ヘボンは聖書を大切にし、日本語訳聖書の翻訳事業を行った。ピューリタニズムが聖書を重視するのは、神が聖書を通じてひとりひとりに語りかけると理解するからだ。つまり神がどんな人をも愛するのであれば、特定の人だけが神の真理を独占し、神の意志を代弁するはずがないと考えたのだ。そんな聖書のメッセージを理解するには、文字の読み書きから始まって一定の知的な訓練がそれぞれに必要になる。これはすべての人が必要な教育を受ける根拠にもなっている。

民主的な意志決定

権威に頼らない民主的な意志決定を重視することもピューリタニズムの特徴だ。例えば、多数決は数が多い方が全体の意志ということではなく、異論・少数意見という複数の視点を経て判断する点に要諦《ようてい》があった。それは人間の集まりである組織に先行して個人を尊重することでもある。組織のために個人が存在するのではなく、神が愛するかけがえのない一個人の存在を活かすために組織が存在すると理解したのだ。

移住

自分が慣れ親しんだところから離れるのは辛《つら》い。でもヘボンらが故郷を離れ、海外伝道へ出かけて行ったように、現状維持に満足せずに、自らに与えられた恵み・才能を用いて「外へ」出て行くことが「移住」である。それは各自に与えられた才能・個性を活かすことでもある。

このようなピューリタニズムの特徴を考えると、明治学院をはじめとするキリスト教学校が進むべき方向性がよく見えてくる。単に続いてきたものを伝統として維持するのではなく、神が愛するかけがえのない個人の存在を守るために何をすべきか問い続け、その妨げになるものを変え続ける姿勢が大切で、それが伝統となっていく。キリスト教学校において伝統を守るとは、ひとところに安住をしない旅に出発することなのだ。

資料

《資料 1》

大木英夫『ピューリタン――近代化の精神構造』
（聖学院大学出版会、2006 年）

分かりにくいピューリタニズムを正面から扱った名著。巻末に添付される書評、松岡正剛「移住する会議者の宗教」もピューリタニズムの特徴を押さえた分かりやすい解説になっている。

《資料 2》

日本人最初の宣教師　乗松雅休《のりまつまさやす》

当時の朝鮮の人々を愛し、神の愛をただ伝える生涯を送った明治学院出身者。ヘボンの眼差《まなざ》しの先にあったものを見て生きる人生の一例を知るとわたしたちが何をすべきか見えてくる。以下は乗松の死後半世紀を経て詠《よ》まれた李烈の詩「乗松兄の蒔《ま》いた種が、大きくキリストの樹に育ちました」の一部。

乗松雅休

わたしたちは、豊臣秀吉の日本を、憎みます。
伊藤博文の日本を、憎みます。
彼らは、武力でわがくにを、ふみにじり
手練手管《てれんてくだ》で、わが民を籠絡《ろうらく》しました。

しかし、かの名もなき乗松の日本を、愛します
乗松のような善良なる日本人を愛します
彼は、暗闇《くらやみ》に閉じ込められたわがくにに
まことの光を、証するために参りました
絶望の底で　ためいきをつく　わが民に　生命《いのち》のみくにを　望み見させました

韓服を着　韓国語《ハングル》を語り、わらぶきの家で、わが民の中でも
一番貧しい人のように暮らし
わがくにを　自分のくにより、自分の　子供よりも　もっと愛しました。

飯沼二郎・韓晳曦『日本帝国主義下の朝鮮伝道』日本基督教団出版局、1985 年の第一章「乗松雅休の朝鮮伝道」を参照。

アクティブラーニング

Active Learning

1　慣れ親しんだ「故郷」を捨てなければならないときはどのようなときか、考えてみよう。

2　価値観の異なる人たちとの衝突を解消し、共存するには、何が一番重要か、まず自分で考え、次にグループで話し合ってみよう。

3　集団で意志決定をするとき、どうしたら少数意見をも尊重するルール作りが出来るか、まず自分で考え、次にグループで話し合って、まとめてみよう。

聖書はみだしコラム

「主なる神は人を連れて来て、エデンの園に住まわせ、人がそこを耕し、守るようにされた。」（創世記 2:15）

▶楽園で遊び暮らしているイメージがありますが、アダムはちゃんと働いてます。

メッセージ 03

アウェイでの勝負。でも一緒にいてくれる相手がいる

出エジプト記　三章一一――一二節

モーセは神に言った。「わたしは何者でしょう。どうして、ファラオのもとに行き、しかもイスラエルの人々をエジプトから導き出さねばならないのですか。」神は言われた。「わたしは必ずあなたと共にいる。このことこそ、わたしがあなたを遣《つか》わすしるしである。あなたが民をエジプトから導き出したとき、あなたたちはこの山で神に仕える。」

解説

モーセの生涯はドラマティックだ。運命に翻弄《ほんろう》されながらも、ヘブライ人だったのにエジプトの王子となる。殺される運命にあった赤ちゃんモーセは姉のミリアムの機転によって、エジプトの王女の養子となったからだ。成人になったモーセは苦しむ同胞を助けようとするものの、その正義感が裏目に出て、殺人者となり逃亡生活を余儀なくされる。

逃亡先のミディアンでは、遊牧民の祭司に気に入られ、その娘と結婚し、この国で生きる決断をした途端、神から呼び出されて指導者としてエジプトから約束の地までイスラエルの民を導くことになる。過酷な四十年の荒れ野での生活を乗り切ったにもかかわらず、最後は神からの約束の地に足を踏み入れることが出来ないまま生涯を終える。

モーセの生涯は全てアウェイでの勝負を強いられるものだった。これがドラマにならないはずがない。壮大過ぎる思い通りにならない人生だからだ。

神から与えられる人生は自分の願った通りではないことが多い。受験に失敗して明治学院に来てしまった。確実視されていたレギュラーの座は自分の前を素通りして適当な後輩のものとなった。相思相愛のはずだったのにあっさりフラれた。モーセほどのスケールではなくても思い通りにならないことだらけだ。いったいそんな中で何をしろというのだ、流されないで生きようと一生懸命頑張っているのに。

だからモーセも当然そう思って、神に「どうして、ファラオのもとに行き、しかもイスラエルの人々をエジプトから導き出さねばならないのですか」と迫った。もうできることは全てやった。でもうまくいかなかったんだ。やっとささやかな幸せを見つけて、新しい一歩を踏み出したばかりなのに。なんで今頃そんなことを言ってくるんだ。モーセでなくても、そう言いたくもなる。

でもこのモーセの訴えに対する神の答えは答えになっていない。理由を聞いているのに「わたしは必ずあなたと共にいる」と言うからだ。話にならない。いい加減にして欲しい。きっとモーセもキレかけたはずだ。

たぶん「何をするのか」「どこへ行くのか」だけを見るならば、*召命は支離滅裂《しりめつれつ》で一貫性を見つけられない。しかもモーセは全生涯アウェイだったから端からは相当孤独に見えたはずだ。

でも、「一緒にいること」自体が召命の目的だったらどうだろうか。何をしようと、どこへ行こうと必ず一緒に寄り添ってくれる相手がいる。もしそんな相手がいるならば、失敗しようが、挫折しようが、批判されようが実は孤独ではないのだ。世界中のどんな場所でもリラックスして一番力を発揮できるホームになるからだ。

「召命」というと何か一貫した使命・目標があるように思われがちだ。でも一番大切なのはただ一緒にいることなのである。

*召命…神からの使命を果たすために、神から呼び出されること。その結果聖職（司祭・牧師など）に就くこと。プロテスタントでは、聖職に加えてそれぞれの天職を見出すことも含む。

資料

《資料１》

ブレンダ・チャップマン他（監督）『プリンス・オブ・エジプト』（アメリカ、1998年公開）

ドラマティックなモーセの生涯を描いた豪華なキャストのミュージカルアニメ映画。

DVD『プリンス・オブ・エジプト』
画像提供：NBCユニバーサル・エンターテイメント　Packaging Design©2018 Universal Studios. All

《資料２》

ウディ・アレン（監督）『おいしい生活』（アメリカ、2000年公開）

天才犯罪者（自称）のレイは夢の生活実現のために完璧な銀行強盗の計画を立てる。銀行の近くの店を借りて穴を掘り、地下から侵入しようとしたのだ。ところが、そのカモフラージュのために妻にいい加減なクッキー店を始めさせるが思いがけず大繁盛《はんじょう》してしまう。自己実現とは何かをしみじみ考えさせられるコメディ映画。

DVD『おいしい生活──デジタル・レストア・バージョン──』
発売元・販売元：株式会社KADOKAWA

Active Learning アクティブラーニング

1 思いつく限りの「最悪の人生」設計をしてみよう。そしてその上でその人生が逆転する可能性がどこにあるかを、まず自分で考え、次にグループで話し合い、発表してみよう。

2 あなたにはどんなときでも一緒にいてくれる相手がいるだろうか。そんな相手にはどのように向き合えばよいだろうか、考えてみよう。

3 一緒にいることと依存は何が違うのだろうか。まず自分で考え、次にグループで話し合ってみよう。

聖書はみだしコラム

「メトシェラは九百六十九年生き、そして死んだ。」（創世記5:27）

▶ずば抜けて長生きしている割には、個人情報が少ない。何して暮らしてたのか、気になる。

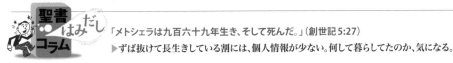

メッセージ 04

食べ物で人が分かる

出エジプト記 一六章一一――一二節

主はモーセに仰《おお》せになった。「わたしは、イスラエルの人々の不平を聞いた。彼らに伝えるがよい。『あなたたちは夕暮れには肉を食べ、朝にはパンを食べて満腹する。あなたたちはこうして、わたしがあなたたちの神、主であることを知るようになる』と。」

解説

フランス革命期を跨《また》ぐ時代に生きた美食家ブリア＝サヴァランは『美味礼讃《びみらいさん》』のなかで、「どんなものを食べているか言ってみたまえ。君がどんな人であるか言い当ててみせよう」と言った。彼はもともと法律家・政治家だったが、波瀾万丈《はらんばんじょう》の人生を送り、多方面に有り余る才能を発揮し、チーズや焼き菓子の名称としても今日までその名を残している。食べることは文化であり、人となりでもあるのだ。

もっともらしいウンチクをもう少し簡単に言うと、わたしたちが何者であるかは食べているものから分かるというのだ。朝起きると何も食べずに目覚ましにコーヒーを一杯だけ飲み、夜一二時になるとどうしてもコンビニに唐揚げとお菓子を買いに行きたくなる人は、街中に住む夜型人間であることが分かるし、一日二食の精進料理だけを食べ、間食はしないでいつもお茶を持ち歩いている人が夜の町に繰り出すことはあまりなさそうだ。

それでやっと聖書の話に繋《つな》がるが、だから古代イスラエルの人たちが何を食べていたかを知れば、この人たちがどういう生き方をしていたかが分かるはずだ。出エジプト記によるとエジプトの奴隷生活では「肉のたくさん入った鍋の前に座り、パンを腹一杯食べられた」らしい。ピラミッド建設で働く労働者はパンやニンニク、ダイコンを食べ、ビールを飲んでいたみたいだから、荒れ野での生活に文句をたれていたイスラエルの人々の言い分も半分くらいは正しい。もっとも、よく聖書を読んでみると、肉を食べていたとは書いていないから、きっと「奴隷の分際で肉なんか食うな」とかエジプト人の現場監督に言われて本当は肉なしだったけど、肉の出汁《だし》のきいたスープにパンを浸《ひた》して食べていたのだろう。贅沢《ぜいたく》とは言えなくても日々健康に過ごすには支障のない食生活だ。ビールもあるし。自由はないけど、それなりの生活が保障されていたのだ。

一方、モーセに率いられてエジプトを出てからは、イスラエルの人々は四十年荒れ野での生活を送った。この時食べていたのは、マナというコリアンダーの種のように白く蜜の入った甘いウェハースのようなものと、夕方になると飛んでくるウズラの肉だった（ウズラの卵ではない）。食生活はかなり変わったことになる。ここにたどり着くまではきっと保存食ばかりでみんなろくなものは食べていなかったはずだ。

本当に毎日マナとウズラの肉を食べていたかは定かではないが、ひとつだけ確かなのは、これは普通の食事ではないということだ。人の住まない荒れ野がそもそも普通の場所ではないが、そこでの食事も非日常的だった。カナンの地にたどり着いて定住してからの日常食も、パンと穀類・豆類、少しの野菜、季節の果物、ドライフルーツなどだった。肉や甘いお菓子はお祝いの席でしか食べていない。ということは、マナとウズラの肉はハレの食卓だったことが分かる。今日ではちょっと魅力に欠けるけれども。

さらに大切なのは、この食事は自分たちで作ったり、育てたりしたものからできていないという点だ。定住していないからそれはしたくても出来ない。そもそも農業が出来ないから荒れ野なのだ。そんな場所で生産活動を何もしていないのに神から必要なものが与えられていた。本来人間の住めない荒れ野で気の遠くなるような長い期間、訓練の時を過ごした人々は、じつはハレの日の食事で毎日神から養われていたことになる。

つまり、非人間的な過酷《かこく》な環境で過ごしていた人たちは、文句ばかり言っていたにもかかわらず、神の最善の恵みによって生存が支えられていた。厳しい自然環境ばかりを見ていると、苦しそうな感じがする。でも食べていたものは「焼き肉」と「ケーキ」なのだ！　イスラエルの人々はやっぱり祝福のうちにいたに違いない。

それではあなたは夕べだれと何を食べただろうか。また朝ご飯はどうだっただろうか。あなたが何者かはきっとそこから分かるはずだ。

資料

《資料1》
table for two の活動

先進国のわたしたちと開発途上国の子どもたちが、時間と空間を越え食事を分かち合う日本発の活動。明治学院大学では横浜キャンパスで活動。table for two のロゴマークがついているメニューを食べると、一食あたり 20 円が発展途上国の子供達の学校給食になる。

《資料2》
こども食堂

2010 年頃から活発化してきた無料または安価で栄養のある食事や温かな団らんを提供するための日本の社会活動。子ども、またその親などを主な対象として食を通じた繋がりを作りだしている。

《資料3》
ブリアーサヴァラン（著）、関根秀樹・戸部松実（訳）『美味礼讃』（上・下）』（岩波文庫、1967年）

原題は『味覚の生理学』。副題には「超絶的美味学の瞑想」とあり、「文学や科学のもろもろの学会の会員たる一教授からパリの美食家にささげられた、理論と歴史と日常の問題を含む書」という長々しい付記もある。食べることがあらゆる問題に関わることをこれだけで十分に示唆する一冊。読むには骨が折れる。

Active Learning アクティブラーニング

1 昨日夜、今朝何を食べたか。グループで話し合ってみよう。

2 そして、それらの食事の原材料を確認して、原料となる食材がどこの国でどのように作られているのかを調べてみよう。またなぜ日本の食糧自給率がカロリーベースで39％なのかを考えてみよう。

3 もし非常時に残された食料がたったひとつのパンだったらそれをだれと分けて食べるか、まず自分で考え、次にグループで話し合ってみよう。

聖書はみだしコラム

「あなたは、わたしの内臓を造り / 母の胎内にわたしを組み立ててくださった。」（詩編 139:13）

▶なんか生々しすぎて、素直に感謝できない。

メッセージ 05

あなたがそんなことするはずがない

出エジプト記　二〇章二――一七節

わたしは主、あなたの神、あなたをエジプトの国、奴隷の家から導き出した神である。／あなたには、わたしをおいてほかに神があってはならない。…殺してはならない。姦淫してはならない。盗んではならない。隣人に関して偽証してはならない。隣人の家を欲してはならない。隣人の妻、男女の奴隷、牛、ろばなど隣人のものを一切欲してはならない。

解説

戒律、法律、ルール。人間を縛るこれらは面倒で、あまりありがたいものではない。そんな思いの人も多いだろう。ここで扱う十戒《じっかい》も「〜してはならない」のオンパレードだからだ。一方的に決められて、守れと言われても納得できないのは普通である。でも、おとなしくしていた方がいろいろ面倒じゃないないからそうしよう。

そんなわたしたちの気持ちを予測していたのかは定かではないが、十戒の原文には面白い表現が使われている。普通「殺すな」「盗むな」という表現は上から目線を感じさせる否定命令が使われるのだが、ここでは否定辞と動詞の未完了形の組み合わせになるのだ。文法的な説明はややこしいが、要するに「あなたは〜するはずはない」という意味の表現になる。そうだとすると、この十戒の印象はだいぶ変わってくる。

「あなたにはわたしのほかにだれか別の神がいるはずがない。」雷鳴とどろく雲上から一方的に命令し押しつける感じとはちょっと違う。それよりも「わたしがこんなに愛していて、あなたのためにこれだけ尽くして、あなたもそれに応《こた》えてくれたはずなのに、違うの？あなたには他にだれかいるの？」と、浮気の疑いのある挙動不審の恋人に、じっと目を見て問いかけるのに近い。

「殺してはならない」や「盗んではならない」も同じだ。「わたしに対してこんなに誠実に接してくれるあなたが、人殺しなんてするはずないよね」「幸せで満ち足りた中にいるのにだれかのものを取ったりするはずないよね」というわたしたちに対する愛情とそれに基づく信頼からの問いかけに近いのだ。こっちの方が反発しにくいから逆に心に刺さってくるかもしれない。

週刊誌やワイドショーを賑《にぎ》わせるような少年犯罪が起きるとその親から「ご迷惑をおかけして申し訳ありません。でも、あの子、本当は心の優しい良い子なんです。信じて下さい」といったコメントが伝えられることがある。周りから見れば凶悪犯だったとしても、長年愛情を注ぎその子に向き合ってきた親はすぐさま断罪するよりも、たとえ一パーセントであったとしても改心の可能性を真剣に信じ、それに全てを賭《か》けるのだ。聖書の神はそんな親にも似ている。

ろくでなしのわたしたちは一〇個のうちの一つの約束すら守れないかもしれない。そうだったとしても、全幅《ぜんぷく》の信頼を置いてわたしたちを待っていてくれる相手がもしいるなら、いつかきっと「今までごめんなさい。これからの人生、あなたのためだけに生きます」と言える日が来ると思うのだ。十戒は断罪よりも再び立ち上がって生きようとするわたしたちへの深い愛に満ちている。

＊クロスリファレンス　新約04もあわせて見てみよう

アクティブラーニング

1 「盗んではいけない」などのルールは何のためにあるのか、まず自分で考え、次にみんなで話し合ってみよう。

2 どういう時、1のようなルールは破ることが許されるのか。また許される場合があるとしたら、なぜ許されるのか、まず自分で考え、次にみんなで話し合って、発表してみよう。

3 自分のことを心から信頼してくれる相手を裏切ったとき、わたしたちには何が出来るだろうか。

資料

《資料1》

セシル・B・デミル（監督）『十戒』（アメリカ、1956年公開）

まだCGのない時代の特撮を駆使した壮大なスケールで描く歴史ドラマ。神の意志に添う時には画面左から右に登場人物の目が向けられ、右方向に進んでいくが、神から離反する問題が起きたとき、またモーセが神に向き合うときなど、非日常的、逆境の時には登場人物は画面左を向く。

伝統的な宗教画では、キリストの右手側に進むと天国に、左手側に進むと地獄に行き着くことになっているが、画面の中に神がいない映画では、観客の視点が神の視点と重なっているため、絵画とは左右が逆になる。

DVD『十戒』
画像提供：NBCユニバーサル・エンターテイメント

《資料2》

川口晴（著）『犬と私の10の約束』（文春文庫、2007年）

ネット上で世界に広まった「犬の十戒」として知られる英語の詩をもとに作られた作品。言葉を話せない犬にどのように向き合うか飼い主に教えてくれる。犬を愛するすべての人にお勧めの本。

聖書はみだしコラム

「貧しくても利口な少年の方が／老いて愚かになり／忠告を入れなくなった王よりも良い。」（コヘレトの言葉4:13）

▶大人には耳の痛い一言。

メッセージ 06

神が祝福するのはだれか

申命記 六章三、一〇――一二節

イスラエルよ、あなたはよく聞いて、忠実に行いなさい。そうすれば、あなたは幸いを得、父祖の神、主が約束されたとおり、乳と蜜の流れる土地で大いに増える。…あなたの神、主が先祖アブラハム、イサク、ヤコブに対して、あなたに与えると誓われた土地にあなたを導き入れ、あなたが自ら建てたのではない、大きな美しい町々、自ら満たしたのではない、あらゆる財産で満ちた家、自ら掘ったのではない貯水池、自ら植えたのではないぶどう畑とオリーブ畑を得、食べて満足するとき、あなたをエジプトの国、奴隷の家から導き出された主を決して忘れないよう注意しなさい。

解説

「乳と蜜の流れる土地」という言葉からわたしたちがイメージするのは、川に牛乳と蜂蜜が流れている少し妙な情景ではないだろうか。もちろん聖書はここでそんな不自然なことは言っていない。

古代イスラエルでは「財産」と言ったら「家畜」のことだった。牛、ヤギ、ヒツジなどのミルクは家畜を殺さず、元手を減らさないで手に入る貴重な栄養源だった。そんなミルクが流れるようにあるというのは、豊かさを示している。また蜂蜜《はちみつ》は当時入手可能な最も甘い食べ物だった。薄めて発酵《はっこう》させればお酒にもなる。まだ砂糖を知らない古代の人たちにとって、この甘さはうっとりする贅沢《ぜいたく》な味だったのだ。だから流れ出る蜂蜜のイメージも究極の豊かさを現している。

しかもそんな豊かさが、自ら汗して働かないでも与えられる。子孫繁栄も約束されている。エジプトで奴隷として搾取《さくしゅ》されていたイスラエルの人たちにとって、それは実感できる解放と自由の約束だったに違いない。

けれどもちょっと考えてみよう。不自然なのはもっと違うところだ。なんでもう町が建っているのだろう。家に入ると「財産」の家畜たちもたくさんいる。畑に水をやるのに欠かせない貯水池まである。ぶどう畑もオリーブ畑もきれいに手入れされている。なんかおかしくないか。

もちろん神は全能だからその気になれば、一瞬でそのくらい用意できる。でもどう考えても神が与えると言っている場所は、誰かがもともと住んでいて、その人たちが苦労して作りだしたものばかりなのだ。冷静に考えてみるとバラ色の約束ではないことが分かる。

　もともとの先住民たちの立場からすれば、ある日突然やって来たよく分からない連中に、何代にもわたって開墾し、町を作り、みんなで協力して築いてきた苦労の成果をタダで渡さなければならないのか、という思いが強くあったはずだ。

　この出来事は歴史の中でかたちを変えてくり返されている。政情不安や大規模な災害によって故郷を離れ、少しでも人間らしく生きられそうな自由で豊かな先進国に生活の場や仕事を求めて、今日も多くの人が移動している。日本はそうした世界の流れとは無縁だと感じる人も多いかもしれない。けれどもすでに外国にルーツを持つ多くの人が国内で生活しているし、その流れは今後加速していく可能性が高い。

　神の恵みは誰に与えられるのか。もともとその土地に住んでいて努力し汗を流した人々か、それとも生存が保証されない故郷を離れ、多くのリスクを負いながらも人間らしく生きようとする人々にか。その答えはわたしたちがどちらの側に立つのかによって自《おの》ずと決まってくる。この自分にとって当然の答えから一歩踏み出せるかどうか。わたしたちは今問われている。

*クロスリファレンス　旧約12・新約01もあわせて見てみよう

資料

《資料1》

ケン・リュウ（著）、古沢嘉通（訳）『紙の動物園 ケン・リュウ短篇傑作集1』から「月へ」（早川書房、2017年）

中国系アメリカ人SF作家による短編小説。妻を亡くした父子が絶望と狂気に満ちた世界から脱出し、「月」に行く。詩人のような美しい月人たちが住む月は静かで涼しく楽園のような世界だったが、貧乏な田舎百姓の父子には居場所を与えてくれなかった。「月」に住むため父は、上品に帰宅を促す月人をだます手立てを模索する。この「月」は米国である。

《資料2》

明治学院大学内なる国際化プロジェクト

日本で暮らす外国にルーツを持つ人たちと向き合うための具体的なアクション。海外に行って英語を流暢《りゅうちょう》に話すことだけが国際化ではないことを教えてくれる。

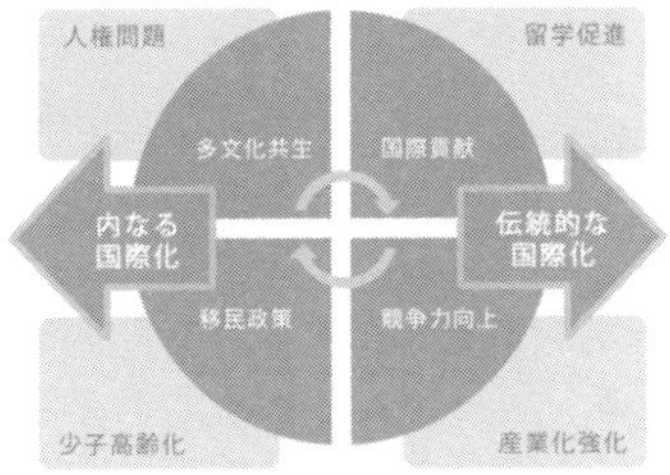

Active Learning アクティブラーニング

1　ミルクとハチミツを使った料理・お菓子には何があるか考えてみよう。レシピを見ながら実際に作ってみよう。

2　安全、自由、豊かさはだれのものだろうか。すでにそれを手にしている人はそれをどう維持するのか。また、それを手にしたことのない人たちはどうやって実現できるのか、考えてみよう。

3　難民、移民の問題について日本はどのような対処をしているのか、調べて、話し合ってみよう。

聖書はみだしコラム

「その日、風の吹くころ、主なる神が園の中を歩く音が聞こえてきた。」（創世記3:8）

▶神さまは宙に浮いて見下ろすのではなく、地上を自分の足で歩いてお散歩しています。

メッセージ 07

欲望という名の「神」との戦い

申命記 二〇章一六 ― 一八節

あなたの神、主が嗣業《しぎょう》として与えられる諸国の民に属する町々で息のある者は、一人も生かしておいてはならない。ヘト人、アモリ人、カナン人、ペリジ人、ヒビ人、エブス人は、あなたの神、主が命じられたように必ず滅ぼし尽くさねばならない。それは、彼らがその神々に行ってきた、あらゆるいとうべき行為をあなたたちに教えてそれを行わせ、あなたたちがあなたたちの神、主に罪を犯すことのないためである。

解説

旧約聖書には今日のわたしたちを困らせる箇所がいくつかある。その一つが「聖戦」だ。神が導く戦争があることは、キリスト教を愛と平和だと思っているわたしたちを混乱させる。これをどう理解したらよいのだろうか。

一つ注意が必要なのは、非戦闘員まで大量に虐殺《ぎゃくさつ》する近代戦と古代の戦争はかなり違うということだ。古代の戦争では敵を滅ぼし尽くすことはほとんどなかったらしい。それは土地や財宝だけでなく、人間も手に入れたい貴重な「資源」だったため、皆殺しにしたら戦争をする意味がほとんどなくなるからだ。実際、当時のイスラエルの実力や考古学調査の結果から、ここで描かれるような滅ぼし尽くす戦争はなかった可能性が高い。

それならば「滅ぼし尽くせ」との神の命令は何を意味するのだろうか。それは理由を述べているところから分かる。ヘト人、アモリ人、カナン人など強く華やかな先住民の宗教に馴染《なじ》んだ生活を離れ、イスラエルの神に立ち返ることである。つまり「聖戦」とは偶像崇拝の禁止を実際には意味している。影響力の強い豊かな先住民とは異なる生き方をするように神が求めているのだ。

偶像崇拝とは銅像などを作って崇拝することだと考えると問題を見誤《みあやま》る可能性がある。偶像 (idol) とは人間の欲望を形にしたもの全てを指すのだ。そうした自らの欲望を神とすると結局人間は不幸に陥る。例えばアイドルは「異性はこうあって欲しい」という理想・欲望を体現している。だから賞賛される。でも生身の異性は他者だから、たいていは理想の見た目ではないし、思い通りにはならないことの方が多い。「異性は自分の思い通りのはず」と思い込んでいたら、健全な関係は築けない。こうした欲望の追求は、最初は心地よくても、結果として人間

ない。」(レビ記 7:22-23)

を不幸にするという逆説があることを聖書は語るのである。

もちろん聖書はそういう意味だとしても、それだけでこの話が終わるわけではない。多くの人にとって「聖戦」と言ってすぐに頭に浮かぶ十字軍があるからだ。キリスト教では一一世紀に「聖戦」を教皇が定めることが出来るという教義が作られた結果、十字軍のような戦いを正当化することになった。そのように欲望を縛《しば》っていたタガを外し神聖化した結果、人間は幸福になっただろうか。この結末の悲惨さは世界史が示すとおりである。

二〇〇〇年になってようやく過去一〇〇〇年のこうしたキリスト教の誤りを謝罪する声明をローマ教皇が出すに至った。信仰を得ても何の間違いも犯さずに人間が生きられるわけではないこと、また一度犯した過ちをただすには多くの時間と労力を要することをここからわたしたちは学ぶべきだろう。結局、戦争も偶像崇拝も他者と関わりながら生きる人間らしい生活を崩壊させるものである。たとえクリスチャンになったとしても、わたしたちのうちに巣くう欲望という名の「神」とは徹底的に対峙《たいじ》しなければならない。

つまり、「聖戦」とは異教徒との戦いというよりも、自分の内面の欲望との戦いだったのである。

資料

《資料１》

辻泉「『観察者化』するファン」『AD Studies』
（Vol.40、2012年、p.28-33.）

ファン文化が疑似恋愛の「当事者」からアイドル同士の関係性の「観察者」に変化してきていることを指摘する研究。従来からのアイドルに直接欲望を投影するだけではなく、アイドルに対してプロデューサー的立場に立ち、ファン同士の円滑なコミュニケーションを消費するあり方が増えているという。従来以上に他者との距離を置くこうしたファン文化も防御的な自己充足の一形態であって、異質な他者に向き合うことをますます困難にしている。

《資料２》

土井健司『キリスト教は戦争好きか──キリスト教的思考入門』（朝日新聞出版、2012年）

特に第２部第二章でキリスト教と戦争との関わりを分かりやすく解説する。旧約・新約聖書の中の戦争理解だけではなく、現代にいたるまでのキリスト教の歩みと問題点を示し、16世紀の人文主義者エラスムスの立場にキリスト教の平和への可能性を見出す。

アクティブラーニング
Active Learning

1 なぜ戦争はいつの時代も正当化されるのだろうか。もし正当化されなかったら、だれが戦うのだろうか。まず自分で考え、次にみんなで話し合って、発表してみよう。

2 聖書の神はなぜ偶像を嫌うのか。心が狭いからだろうか。理由を考えよう。

3 わたしたちは、本当はだれに認めて欲しいのだろうか。だれから愛されたいのだろうか。それは代わりのもので満たすことができるだろうか。

聖書はみだしコラム

「主はまたモーセに仰せになった。イスラエルの人々に告げてこう言いなさい。牛、羊、山羊の脂肪を食べてはなら
▶ヘルシーな規定。

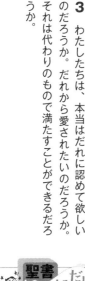

メッセージ 08

それでもまた立ち上がれる

ヨシュア記 二〇章二―三節

イスラエルの人々に告げなさい。/モーセを通して告げておいた逃れの町を定め、意図してではなく、過って人を殺した者がそこに逃げ込めるようにしなさい。そこは、血の復讐《ふくしゅう》をする者からの逃れの場所になる。

解説

逃れの町。古代イスラエルには過って殺人を犯した人が復讐から逃れるために保護される町があったという。しかもその領土に六ヵ所あったらしい。

この時代、誰かが殺されると遺族は「仇討《あだ》ち」をするのが普通だった。身内や親しい人を殺されれば、誰でもその加害者を憎み抹殺《まっさつ》したくなるのは自然な心情だ。だから、親を殺された人はその仇を討つ。そして、仇討ちを果たした途端、今度は自分が命をねらわれる立場となる。そして命をねらう者がねらわれる立場となる復讐は途切れることなく続いていくことになる。人間の自然な感情に根ざして社会が営まれる限り、終わりのない無限ループのなかに私たちは生きるしかない。

そんな負の連鎖を断ち切る仕組みが古代イスラエルにあったのは興味深い。過失致死の場合は「逃れの町」に逃げ込めば、仇討ちから守られ、かなり時間はかかるがいずれ故郷に戻ることが出来る。そんな制度がすでにあったからだ。この「逃れの町」で過ごすというのはどんな気持ちなのだろうか。この町の他の住民はどんな人たちだったのだろうか。もしこれが今の日本で、町の設置が決まったらどの辺がこの候補になるのだろうか。この町が出来るとみんな喜ぶのだろうか、それとも反対運動とかが起きるのだろうか。いろいろ想像が膨《ふく》らむ。

法律がどう定められようと、こうした復讐への人間の心情は容易に変えがたい。たとえ法律で処罰されても、自分がどうなってもいいから相手に同じ苦しみを与えたいと思う気持ちは古今東西それほど変わらない。だから、今の日本でも犯罪は厳罰化される傾向にあり、死刑もなくならないのだろう。悲しみ傷ついた心は報復を無条件で正当化しがちだ。そしてこの負の連鎖は被害者・加害者両方の自由な人間らしい日常生活を奪う。一度事件が起きてしまえば、どれだけ求めてもなかったことにはならない。その苦しみを背負っていくことは大変なことだろう。この苦しみをとにかく終わらせたい。そう思って復讐するところから、次の苦しみが始まる。憎しみ・悲しみしか生み出さないと分かっていても自分では変えがたいのだ。

けれどもこうした負の連鎖を解決不能だとあきらめる必要はない。「逃れの町」のように被害者と加害者を空間的・時間的

数羽の烏が彼に、朝、パンと肉を、また夕べにも、パンと肉を運んできた。」(列王記上17:5-6)

に切り離すことで新しい出発を促すことも出来る。
そして簡単なことではないけれど、何かの拍子に思わず笑って一瞬負の感情を忘れることもある。苦しみが一瞬途切れることは、じつは苦しみが永遠ではないということなのだ。その時つかの間の自由と希望を味わうことも出来る。もしかしたら、また別のつらさがやってくるかもしれないけれど、それも終わる。わたしたちの心がどんなに憎しみ・悲しみに縛《しば》り付けられていても、そのつらさを吐き出したときに、受け止め向き合ってくれる愛がある。この愛に満たされることで、生でも死でもないような闇に漂《ただよ》う中から、立ち上がり再生へ向かうことができるのも人間の現実なのである。

＊クロスリファレンス　旧約17もあわせて見てみよう

資料

《資料1》

アレクサンドル・デュマ（著）、大矢タカヤス（訳）『モンテ＝クリスト伯爵』（新井書院、2012年）

主人公のエドモン・ダンテスは将来有望な若者であったが、出世を妬《ねた》む者たちに嵌《は》められ、無実の罪で投獄される。牢獄で出会ったイタリア人神父の推理によって、陰謀の経緯に気づいたダンテスは復讐を誓い、脱獄する。神父から託された財宝を元にモンテ＝クリスト伯爵と名乗り、復讐のための新しい人生を踏み出す。「愛も地位も未来も理不尽に奪われた男が神に代わり復讐することは許されるか？」復讐文学の古典的作品である本書は、復讐が人間の根源的欲求であることを教えてくれる。日本語訳も多くあるが、本書は新しい翻訳で読みやすい。数多くの映画やドラマの題材となっており、近年ではディーン・フジオカ主演の翻案ドラマ『モンテ・クリスト伯――華麗なる復讐――』も面白い。

《資料2》

アンキー・クロッホ（著）、山下渉登（訳）『カントリー・オブ・マイ・スカル――南アフリカ真実和解委員会“虹の国”の苦悩』（現代企画室、2010年）

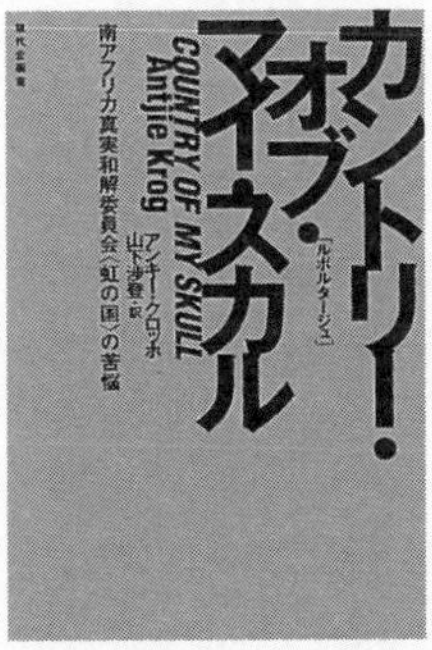

1995年、南アフリカでアパルトヘイト政策がもたらした虐殺などの被害を調査する「真実和解委員会（TRC）」が設置された。本書は、TRCの実施によって得られた多くの被害者・遺族からの証言と加害者からの加害の事実の告白を白日の下に晒《さら》すことで、和解と統合を模索する南アフリカの現実を描いたルポルタージュである。活字を追うだけで目まいと吐き気がする救いのなさは読者にも覚悟が必要だ。白骨化した頭蓋骨（スカル）の現実に立つところから、和解と再生への希望を神に求めるしかないことを間接的に物語る重要な著作である。

Active Learning　アクティブラーニング

1　殺人は赦《ゆる》されない。でももし赦されることがあるとしたらどのような時だろうか。まず自分で考えて、次にみんなで話し合ってみよう。

2　自分が正しく、相手が間違っている場合、相手を赦す必要はあるのだろうか。「必要がある」「ない」の二つのグループに分かれて、ディベートをしてみよう。その後、主張を逆にしてディベートをしてみよう。

3　絶対に赦されないはずなのに赦された経験はあるだろうか。もし赦されないはずの自分が赦されたならば、どう感じるだろうか。

聖書はみだしコラム

「エリヤは主が言われたように直ちに行動し、ヨルダンの東にあるケリトの川のほとりに行き、そこにとどまった。

▶カラスにお弁当を盗られたことはあるけど、運んできてもらったことはまだない。

メッセージ 09

ニセモノの神がもたらす分裂

列王記上　一二章二六――二八節

ヤロブアムは心に思った。「今、王国は、再びダビデの家のものになりそうだ。この民がいけにえをささげるためにエルサレムの主の神殿に上るなら、この民の心は再び彼らの主君、ユダの王レハブアムに向かい、彼らはわたしを殺して、ユダの王レハブアムのもとに帰ってしまうだろう。」彼はよく考えた上で、金の子牛を二体造り、人々に言った。「あなたたちはもはやエルサレムに上る必要はない。見よ、イスラエルよ、これがあなたをエジプトから導き上ったあなたの神である。」

解説

繁栄を極めたソロモンの時代、その背後で深刻な問題が進行していた。偶像崇拝である。それは単に違う神を拝むことではなかった。ここでの偶像崇拝は結局、繁栄自体を神とし、それを最大化しようとするものだった。

しかし、実態以上の見せかけの繁栄を実現しようとすれば、富を偏《かたよ》らせるしかない。国全体を富ませるのではなく、貧しさに喘《あえ》ぐ人々からさらに多くの税を取り立て、ブラック企業さながらの過酷な労働を強いることで、豊かな者をますます富ませ、宮廷が世界の中心であるかのような煌《きら》びやかさを演出したのである。＊トリクルダウンはどこにもなかった。それが偶像崇拝の実態だった。

ソロモンが亡くなると、この問題が顕在化《けんざいか》してくる。王位を継承したのは息子レハブアムだったが、ソロモンの「過酷なくびき」に耐えかねた各地の代表は、負担軽減を彼に求めた。しかし彼は、軽減を進言する経験豊かな長老たちのアドバイスを無視し、さらに苛烈《かれつ》な負担を課そうとした。何の実績もなく親の七光りで即位したこの若者は、コンプレックスも強かったのだろう。なめられないようにと正反対の政策を強行した。世《せ》襲《しゅう》政治家にありがちな失敗である。見せかけの繁栄という偶像崇拝を止める代わりに強化してしまったのだ。

その結果、人心は離れ、出身母体のユダ族以外は誰もレハブアムに従わなくなってしまった。そして北方の一〇部族はソロモンの有能な部下であったヤロブアムを王として迎え、ついにイスラエルは分裂に至ったのである。

一方、北イスラエルの王となったヤロブアムは政治家としての実力は申し分なかったが、ダビデの血筋ではない正当性の弱さを気にしていた。「血筋の強さはボンクラでもレハブアムにある。人心掌握《しょうあく》にはあとは宗教しかない。エルサレム神殿にみんなが行かないようにこっちに社《やしろ》を作ろう。祭司も言うこ

ル王は御立派でした。家臣のはしためたちの前で裸になられたのですから。空っぽの男が恥ずかしげもなく裸になるように。』」

とを聞く奴だけを指名して、祭りは全部自分で仕切ればいい。」そうやってヤロブアムは北イスラエルを無理やり一致させるためのインチキ宗教を作り上げ、自ら司令塔となって毎年八月一五日に盛大に祭りを執《と》り行ったのである。

年中行事化した祭は宗教にもかかわらず宗教色を感じさせない。そこを仕切ることができる人は、気付かれずに人々の行動を左右することが可能なのである。祭日の意味合いを変えても、仕事も学校も休みだったらみんな文句は言わない。それがもっと悪い偶像であることになかなか気付けないのである。

このようなイスラエル分裂の経緯を辿《たど》ると、古代の遠く離れた国の出来事とは思えない生々しさがある。聖書を読むことは、信仰を得ることにとどまらない。具体的な歴史の中に生きるわたしたちに反省を促すものにもなる。

＊トリクルダウン…経済学理論で、富裕者がさらに豊かになればそこから雫《しずく》が滴《したた》り落ちるように（トリクルダウン）、社会全体に富が行き渡るという考え。

アクティブラーニング

Active Learning

1 すべての人に平等にチャンスがあれば、みんなが豊かさを手にすることが出来るだろうか。考えてみよう。

2 反対に個人の自由な経済活動を制約して計画的に社会全体を豊かにしようとするとどうなるか。

3 みんなを一致団結させるシンボルにはどんなものがあるか。またそれは誰を排除するか。まず自分で考え、次にグループで話し合い、発表してみよう。

資料

《資料 1》

田原総一朗・竹中平蔵（共著）『ちょっと待って！竹中先生、アベノミクスは本当に間違ってませんね?』（ワニブックス、2013年）

理論的に100%正しいはずの政策が実際にどのような成果を上げたか、数年たつと検証できる。トリクルダウンは実際にはなく、偶像崇拝が今の日本でも進行していることがよく分かる本。

《資料 2》

筒井康隆『東海道戦争』（中公文庫、1994年）

東京と大阪の間で戦争が始まった。原因は事件を期待する報道らしいが、一度引き起こされた分裂・対立はとどまるところを知らず、人間を肉片の山に変えていく。人を熱狂へと導く「宗教」としてのメディアと人間の欲望の末路を描くブラック・ユーモア短編小説。50年以上前の作品とは思えない現代性を感じさせる短編集。

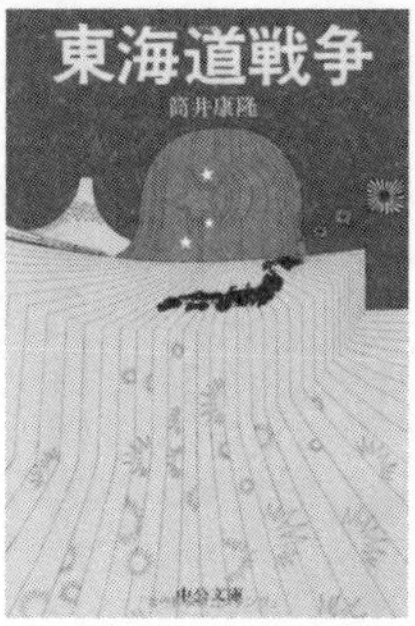

聖書はみだしコラム

「ダビデが家の者に祝福を与えようと戻ってくると、サウルの娘ミカルがダビデを迎えて言った。『今日のイスラエ
（サムエル記下6:20）▶京都人顔負けのいやみ？

メッセージ 10

「苦しむ奴は自業自得」なんてまっぴらごめん！

ヨブ記 一章二一節

ヨブは立ち上がり、衣を裂き、髪をそり落とし、地にひれ伏して言った。「わたしは裸で母の胎を出た。裸でそこに帰ろう。主は与え、主は奪う。主の御名はほめたたえられよ。」

解説

「なぜわたしが」。受け止められない苦しみや不幸に出会う時、人はこのように問う。聖書の中には、わたしたちにとって身近なこの問いと格闘した人物がいる。ヨブ記の主人公ヨブだ。彼は苦しみの中で「神よ、なぜ苦しまねばならないのですか？　いつまでこの苦しみは続くのですか」と問いかけ、神を信じているのに不幸を味わう信仰者の嘆きを代弁している。

ヨブ記の始まりはとてもコミカルだ。神は地上を見て回って来たサタンに「ねえ俺のお気に入りヨブに気づいちゃった？」と自慢してしまう。誰の目にも忠実であったヨブを神は特別に思っていたようだ。サタンはヨブの信仰者としてのあり方にケチをつけられなかったが、しかしその動機を怪しんでみせた。「ヨブが神に忠実なのは見返りを求めているからだ」と考えたのである。つまりサタンは、信仰とは見返りを期待した「神との取引」だと考えている。

神は、不幸を与えればヨブの信仰は崩れ去るというサタンの提案を受け入れ、ヨブを様々な苦しみの中へ放り込んでいく。ヨブは財産や子どもたちを失い、病など身に覚えのない苦しみを次々に経験し、ついに灰の山を生活の場にするまで落ちていく。

ヨブ記では苦しみの中にあるヨブを友人たちが訪問するが、最初彼らはヨブを見て涙を流し、その苦しみを察して言葉をなくす。彼らはなんとかヨブの不幸の原因を解明し、その苦しみを緩和しようとしたのだ。しかし次第にヨブの考えが傲慢に感じられ、我慢できずにヨブを論破しようと試みる。

友人たちの考え方は明確である。神とは悪を許さず厳正に裁き、逆に正しい者には報いと恵みを与えるお方である。この考えに沿って、ヨブが苦しみを経験しているのは何かしら罪を犯したからだとたしなめる。この論理は、「頑張る者が利益を得、怠け者は損をする」という現代の資本主義の論理と重なるところがあるだろう。なによりもこの考えはヨブ記が書かれた時代の主流であり、また現代においても同様に違いない。ヨブはこの考え方にたった一人で挑戦をしているのだ。過ちを犯していなくとも、こうした苦しみや不幸を背負うことが現実としてあるのだと強く抗議している。

一見神を呪っているように思えるヨブだが重要な指摘をしている。それは罪を犯したことのない正しい者でも苦しみを経験することがある、ということだ。例えば日本では阪神淡路大震災、東日本大震災など大災害において命を落とした人々がおり、原発事故などの人災によって罪なく住む家や故郷を奪われた人々がいる。その苦しみは彼らが不信心であったからとか、自業自得だという考え方にヨブは立ち向かっているのだ。ヨブは苦しみの中にあっても取引なしに神を信じる道を示し、社会の中で理不尽に苦しみを負わされている人々を浮かび上がらせていく。ここでの重要なテーマは、「人は見返りを期待せずに、また不幸があっても神を信じることができるか」と同時に、「社会には、その人に原因がないのに苦しみを負わされた人が存在することをちゃんと認知すること」なのである。

ヨブは、生まれて死ぬまでの人生を、喜びも苦しみのすべてを受け止めながら神と共に生きていけるか、とわたしたちにも問いかけている。

＊クロスリファレンス　新約09もあわせて見てみよう

資料

《資料1》

H.S. クシュナー『なぜ私だけが苦しむのか　現代のヨブ記』（岩波書店、2008年）

難病で我が子をなくしたユダヤ教の教師である著者が、様々な事例を通して、善良な人がなぜ不幸を経験するのか、それは神が与えたものなのか、について論じる。

《資料2》

『ブルースオールマイティ』（主演ジム・キャリー、監督トム・シャドヤック）（アメリカ、2003年）

自らの不運や不満を神のせいにしていた主人公。ある時、全知全能の力を与えられ、神の代わりを任される様をコミカルに描いた映画。

《資料3》

山浦玄嗣『「なぜ」と問わない』（日本キリスト教団出版局、2012年）

東日本大震災を経験した著者は、「なぜ東北の人がこんなに苦しむのか」「もし神がいたら、こんなことは起こらない」などの問いを吟味し、それらを退けていく。

《資料4》

阿部正義
日本初のオラトリオ「ヨブ」

明治学院の教授であった阿部正義が作り上げたヨブの苦しみを題材にしたオラトリオ。

（阿部正義のオラトリオ：2015年2月15日に明治学院で40年ぶり再現された際のパンフレット）

アクティブラーニング

1　人生で味わう「苦しみ」には、全く意味がないと考えるか、それとも何かしらの意味があると考えるか、グループで話し合ってみよう。

2　「神義論」の意味を調べてみよう。その後、神が正しい理由と、正しくない理由を想定して、討論してみよう。

3　この世界において理由もなく苦しんでいる人々を考えてみよう。次に「正しい人は必ず見返りを受けるべき」という考えに対する反論を考えよう。

聖書はみだしコラム

「主はサタンに言われた。『それでは、彼をお前のいいようにするがよい。ただし、命だけは奪うな。』」（ヨブ記2:6）

▶神とサタンが相談して物事を決める…。コンプライアンス的にはOKか？

メッセージ11

君の手を離さない「羊飼い」

詩編 二三編一 ― 六節

主は羊飼い、わたしには何も欠けることがない。主はわたしを青草の原に休ませ／憩《いこ》いの水のほとりに伴い／魂を生き返らせてくださる。主は御名《みな》にふさわしく／わたしを正しい道に導かれる。死の陰の谷を行くときも／わたしは災いを恐れない。あなたがわたしと共にいてくださる。あなたの鞭《むち》、あなたの杖《つえ》／それがわたしを力づける。わたしを苦しめる者を前にしても／あなたはわたしに食卓を整えてくださる。わたしの頭に香油を注ぎ／わたしの杯を溢《あふ》れさせてくださる。命のある限り／恵みと慈《いつく》しみはいつもわたしを追う。主の家にわたしは帰り／生涯、そこにとどまるであろう。

解説

「羊飼いと羊」は、神と人間の関係を表す聖書の伝統的なたとえだ。その中でも有名なのはこの詩編二三編だろう。

多くの人は「信仰者が神を信じるのは幸福や安寧《あんねい》が約束されるため」と考えるに違いない。しかし詩編は神を信じていても苦難を経験することがあると教える。「死の陰の谷」とは、死を連想させるほどの厳しい道のり（体験）だ。しかし同時にこの詩編は、その避《さ》けがたい厳しい道でこそ神は共におられてそこから導き出そうとしておられると語る。ここにはどんな状況でも絶対に見捨てない神への信頼が語られている。信仰とは苦難がすべて消え去ることを目的としない。むしろその苦難を神とどのように乗り越えていくかを扱うのだ。

羊は集団で生活し、臆病《おくびょう》で視力が弱いという。先に行く者が道を誤れば他もそれについて行ってしまう。また実際のパレスティナ地方はのどかな牧草地というよりは乾燥地帯であり、乾《かわ》いた土がむき出しの場所も多い。正しい知識や経験がなければ草や水場にたどり着くことができないのだ。

ここで重要なことは、誰が先頭に立っているかである。詩編は、その群れの先頭に立つのが羊飼いである神だと宣言する。羊飼いは羊を養うために荒れ地を超えて牧草地へと羊たちを導く使命を帯びている。そのためには見渡す限り広がった荒れ地を超え、丘をいくつも超えなくてはならない。羊飼いは目的地とそこに至るまでの道を知っており、一方、羊たちはそれらを知らない。わたしたちも羊のように人生のすべてを見渡すことができない。もしわたしたちが眼に映る厳しさに怯《ひる》んでしまえば諦《あきら》めて目的地にたどり着くことは叶《かな》わないだろう。

見えることだけに捕らわれて恐れるわたしたち。諦めて言い訳を探すわたしたち。そのような現状の中で、詩編は今すべてを見通すことができなくとも、信頼の中で最初の一歩を踏み出すことができる、と語りかける。そのために神は共にいてくださるのだ。

ある人が幼稚園に通う我が子に「幼稚園で一番偉いのは誰」と質問したそうだ。するとその子は、園長や先生ではなく、「いつも自分と一緒にいて遊んでくれる友だち」と答えた。損得でも仕事でもなくわたしと一緒にいてくれる存在。それこそが聖書の神だ。

10代、20代にとっての大きな悩みの一つは友人関係だろう。友人が自分以外の誰かと楽しそうにしていると嫉妬《しっと》し、あるいは仲間外れにされないかと不安になる。そんな悩みを抱えた人なら、ここに描かれている羊飼いを信頼する生き方はなんと自由で力強い、と思わないだろうか。

＊クロスリファレンス　新約08もあわせて見てみよう

資料

《資料 1》

スーザン・バーレイ（作と絵）、小川仁央（訳）『わすれられないおくりもの』（評論社、1986年）

アナグマの死後、その悲しみにくれる他の動物たちを描いた絵本。アナグマとの思い出を掘り起こしながら、死を超えた繋《つな》がりを見つけていく物語。

《資料 2》

塔　和子「師」『いのちの詩』（編集工房ノア、2004年）

作者は当時の国策によってハンセン病を理由に強制隔離された経験を持つ詩人。彼女の詩は、苦しみをどのように受け止めるかについて深い洞《どう》察《さつ》を与えてくれる。

《資料 3》

マーガレット・F・パワーズ（著）、松代恵美（訳）『あしあと』（太平洋放送協会、1996年）

長くアメリカで作者不明の詩として広まった詩。浜辺にはいつもイエスと主人公の二つの足跡。しかし人生の最も困難な時に足跡は一つだけであった。そこに隠された意味に気づかせてくれる詩。

アクティブラーニング

Active Learning

1　まず詩編二三編を読み、どのような場所が舞台になっているか想像してみよう。その後で、実際のパレスティナの風景の写真や土地や地域の情報を調べてみよう。

2　「羊飼いと羊」のたとえが描かれている新約聖書の箇所を探してみよう。

3　詩編二三編にある「死の陰の谷」や「主の家」とは、人生でたとえると、どのような場所や経験だと考えられるか。

4　4人のグループに分かれ、信頼関係が強く現れる現代のストーリーを考え、紙芝居を作って発表してみよう。

5　《資料2》詩人・塔和子の人生を調べてみよう。そして「師」という詩を読んでその言葉の意味について考えよう。まず自分で考え、その後グループで感想を話し合ってみよう。

聖書はみだしコラム

「朝早く起き、夜おそく休み／焦慮《しょうりょ》してパンを食べる人よ／それは、むなしいことではないか」（詩編127:2）

▶分かるよ、その気持ち。ゆっくり休みたい。

メッセージ 12

難民とホームレスとわたしたちの共通点

詩編　一三七編一 ― 四節

バビロンの流れのほとりに座り／シオンを思って、わたしたちは泣いた。竪琴《たてごと》は、ほとりの柳の木々に掛けた。わたしたちを捕囚《ほしゅう》にした民が／歌をうたえと言うから／わたしたちを嘲《あざけ》る民が、楽しもうとして／「歌って聞かせよ、シオンの歌を」と言うから。どうして歌うことができようか／主のための歌を、異教の地で。

解説

難民問題は今日の国際的課題の一つである。国連難民高等弁務官事務所（UNHCR）によると、2016年に約6560万人が紛争や迫害などによって移動を強いられている。

過去には国家間の戦争によって発生することが多かった難民は、近年では国家の内戦に起因することが多いという。それに加えて、グローバル規模で影響力を振るう資本主義がかつての植民地の人々の生活を脅《おびや》かし、生きるために国境を越える難民が増加していると警告されている（『移民 ディアスポラ研究6 難民問題と人権理念の危機』）。難民問題は今や受け入れ国にとって、その対応次第で政権が揺らぐ扱いにくい問題となっている。

難民や移民の大量流入は国家という枠組みを揺さぶり、多民族、多文化へと向かわせる。その一方で変化への不安から国家という枠組みをより強調し、強固にするナショナリズムを生み出す要因ともなり得る。そのような地域では難民や移民は社会不安のはけ口となり、その人権は危険にさらされてしまうだろう。

詩編一三七編はバビロン捕囚により故郷を離れざるをえなかった人の悲しみを映し出している。バビロニア帝国に敗れ、故郷から遠く離された異国の地で奴隷のように生きる人が故郷を思って涙を流す。異国の地では蔑《さげす》みの対象となり、自分の存在や心を受け止めてくれる人も場所もない。この悲しみは、今日の異国の地で暮らす移民や難民の悲しみと重なるのではないだろうか。難民は政情によって故郷を離れざるをえなかった人々だが、その多くは望んでも故郷に帰ることができない現実を抱えている。

この聖書の言葉と難民と現代のわたしたちとの接点はないだろうか。あるとすれば、それは「居場所の喪失」ではないだろうか。長年、ホームレスの支援に関わってこられた奥田知志牧師は、ハウスレスとホームレスの違いについて興味深い指摘をしている。「ハウスレスは家に象徴される、食料、衣料、医療、職などあらゆる物質的困窮《こんきゅう》を示す。もうひとつは、ホームレス。それは、家族に象徴されてきた関係を失っている。すなわち関係的困窮を言う」（『もう、ひとりにさせない』、171頁）。

わたしたちには家があり、学生として学校に通う地位という意味でのハウスには恵まれている。しかし自分を包み込む場所を見つけられず、孤独を生きることもあるだろう。ホーム（居場所や関係）を失う点においては、難民にも、ホームレスにも、そしてわたしたちにも共通の課題が横たわっている。どのようにして互いを包み込む居場所を創出することができるか、考えてみたい。

＊クロスリファレンス　旧約06・新約01もあわせて見てみよう

資料

《資料1》

駒井 洋（監修）、人見泰弘（編著）『移民　ディアスポラ研究6　難民問題と人権理念の危機』（明石書店、2017年）

難民や移民に関する論文がまとめられている。

《資料2》

奥田知志『もう、ひとりにさせない――わが父の家にはすみか多し』（いのちのことば社、2011年）

長年ホームレスとの関わりを築いてきた牧師のエッセイ集。実際の体験や取り組みを通しての洞察は、人との関わりを考える上で多くの示唆《しさ》を与えてくれる。

《資料3》

UNHCR（国連難民高等弁務官事務所）（http://www.unhcr.org/jp/）

国連難民高等弁務官事務所のウェブサイト。

1950年に設立にされた国連の難民支援機関。紛争や迫害によって故郷を追われた人々の保護や支援を目的とし、難民キャンプなどの避難場所や生活必需品の提供などを行なっている。

Active Learning　アクティブラーニング

1　「難民」と「移民」の意味の違いを調べてみよう。

2　わたしたちはどんな時に涙を流し、心の苦しみを感じるだろうか。あなたにとって感情を露《あら》わにして涙を流せる場所とはどこだろうか、心の中で考えてみよう。

3　日本における移民のためのサービスにはどんなものがあるか調べてみよう。既存のものに加えて、どのような取り組み、サポートが必要であるかグループごとに話し合って提案を作成しよう。

4　日本において、移民の町やコミュニティがどこに存在するか、また独自の祭りやイベントを調べてみよう。そうした取り組みにはどのような意味があるかを話し合ってまとめてみよう。

5　学院が関わる炊き出しなどのボランティアや子ども食堂のお手伝いに参加してみよう。

聖書はみだしコラム

「あなたの重荷を主にゆだねよ／主はあなたを支えてくださる。」（詩編55:23）

▶預けたい荷物は数えきれないが、とりあえず全部お任せしてよいだろうか。

メッセージ 13

意味ある時間、合言葉は「メメントモリ」

コヘレトの言葉　三章一――一二節

何事にも時があり／天の下の出来事にはすべて定められた時がある。生まれる時、死ぬ時／植える時、植えたものを抜く時／殺す時、癒《いや》す時／破壊する時、建てる時／泣く時、笑う時／嘆く時、踊る時／石を放つ時、石を集める時／抱擁の時、抱擁《ほうよう》を遠ざける時／求める時、失う時／保つ時、放つ時／裂く時、縫《ぬ》う時／黙する時、語る時／愛する時、憎む時／戦いの時、平和の時。

人が労苦してみたところで何になろう。わたしは、神が人の子らにお与えになった務《つと》めを見極めた。神はすべてを時宜《じぎ》にかなうように造り、また、永遠を思う心を人に与えられる。それでもなお、神のなさる業《わざ》を始めから終りまで見極めることは許されていない。

解説

わたしたちは何気なく、時を意識しながら生きている。時計やスマホで時間を確認することは意外に多い。しかし、与えられているその時間の意味に想いをはせることは意外に少ないだろう。

本川達雄氏は、著書『ゾウの時間　ネズミの時間――サイズの生物学』の中で、どの動物も一生の内に心臓を打つ回数はほぼ同じという視点に立って、動物のサイズによって異なる時間が流れていると指摘する。寿命が違うのは動物によって心臓を一打ちする長さが異なるからで、動物のサイズによって時間（物理的な時間と区別して生理的時間と呼ばれる）の認識に差があるというのだ。つまり同じ物理的時間を共有していても、動物によって時間の受け止め方が異なっていると考えられる。不思議なもので、時間の意味を考えるとその受け止め方はさらに複雑になるだろう。同じ場所、同じ空間、同じ時を共有していようとも、病気などの困難さに直面している人とその周りにいる人とでは、そこにある時間の意味や受け取り方はまったく異なるからだ。

コヘレトは人生の空《むな》しさを味わいながらも、その与えられた時の意味を探求する人であった。神は時を造り人にお与えになるが、人はそのすべてを見極めることはできない。しかしすべての時は、神によって「時宜にかなうように造られている」と語る。口語訳聖書では「神のなさることは皆その時にかなって美しい」とある。一人ひとりに与えられている時の意味を受け止める時に、その人にとっての美しさを見出すに違いない。どうやら嬉しい時も悲しい時にもその時、その人にしかない美しさと尊さがあるようだ。

人はその時間と向き合うことなく、時間を無駄に過ごしやすい。そのように人生や時を虚《むな》しくさせているものとは一体何であろうか。それは、この命や生活がなんとなく続いていくという漠然《ばくぜん》とした認識ではないだろうか。

中世の修道院では「メメントモリ」と挨拶《あいさつ》が交わされていたという。これは「死を覚えよ」「あなたの前に死がある」という意味であるが、当時、修道院の外ではペストが猛威をふるい多くの命が失われていたという。修道院のキリスト者たちもペストに罹《かか》り、命を落とす危険と隣り合わせだ。だからこそ与えられた一日を本当に大切なことを見つめて生きるために、この挨拶を交わしていたと言われている。それは神が差し出した命や時と向き合い、そこにある意味や美しさを探求する知恵でもあった。

わたしたちは今、どのように生きているだろうか。大切なことは、同じ時間を生きていてもそれぞれが感じていることは異なり、またそこにある意味も違うということである。それぞれの意味が違うからこそ、それを誰かと分かち合うことができる時、その意味はより深みを帯びていくのである。

資料

《資料1》
本川達雄『ゾウの時間 ネズミの時間――サイズの生物学』（中公新書、1992年）

生き物はそのサイズによって、それぞれ異なる時間の単位を有していることが解説されている。

《資料2》
ポール・トゥルニエ（著）、三浦安子（訳）『人生の四季――発展と成熟』（日本キリスト教団出版局、2007年）

著者はキリスト教的視点に立って「人格医学」（人間を全人格的に把握してはじめて真の医療が可能という考え）を提唱した医師・精神療法家。本書では人の一生が四季にたとえられ、各季節の人間の心理を心理学と著者の診察経験をもとに洞察《どうさつ》している。

《資料3》
ミヒャエル・エンデ（著）、大島かおり（訳）『モモ――時間どろぼうとぬすまれた時間を人間にかえしてくれた女の子のふしぎな物語』（岩波書店、1976年）

「灰色の男たち」に操《あやつ》られた人々は、良い暮らしのためと信じて、必死に時間を節約し、追い立てられるように生きている。そうした生き方の問題を指摘している。

アクティブラーニング

Active Learning

1 それぞれの「時間」のイメージを絵にしてみよう。

2 二人でペアになり、向かい合って座ろう。そして一分間、無言でお互いの目だけを見て過ごそう。その後で、互いに何を感じたかを話し合おう。

3 自分の一生（誕生から死）を四季（春、夏、秋、冬）にたとえてみよう。それぞれの四季の中で、何を大切に生きるべきか、まず自分で考え、その後、グループで書き出してみよう。

聖書はみだしコラム

「あなたのパンを水に浮かべて流すがよい。月日がたってから、それを見いだすだろう。」（コヘレトの言葉11:1）

▶「見つけても食べられるの？」と思わずツッコみたくなっちゃう。

メッセージ14

隠れて出てこない神。そこに自由がある

雅歌　一章一五 ―― 一六節

〈若者の歌〉恋人よ、あなたは美しい。／あなたは美しく、その目は鳩のよう。

〈おとめの歌〉恋しい人、美しいのはあなた／わたしの喜び。／わたしたちの寝床は緑の茂み。

解説

聖書というと、神が当然のように登場するイメージがないだろうか。でも実際、聖書を開くと、二つの文書で神が全く出てこない世界が描かれる。一つはエステル記、もう一つはこの雅歌である。

雅《みやび》な歌という平安文学のようなタイトルからは内容が推測しにくい。でも手にとって読むとすぐに分かる。そう、これは10代の恋愛歌なのだ。当時は18歳くらいまでには大半が結婚していたから、ここで描かれる未婚の若者たちは必然的に10代となる。歌われる恋愛は美しい田園風景や、危険な夜の町、自分の部屋などめまぐるしく変わる舞台で展開される。二〇〇〇年以上の時を経ても恋愛の場所があまり変わっていないのは面白い。

さらに面白いのが、これら情景描写は単なる風景ではなく、親密な、自分自身をさらけ出す性愛の営みを暗示している点だ。シカ、ぶどう畑、リンゴの実、戸口などには裏の意味がある。けれどもこの恋愛歌は伝統的に神とイスラエルの関係、キリストと教会の親密さを表現するものとして理解されてきた。つまりどれだけかけ離れているように見えても、恋愛も隣人愛も、神の愛も、人を受け止め自由にする力として繋《つな》がっているのだ。

この愛のうちにいる恋人たちは世間の目、不安や嫉妬《しっと》、狂気に翻弄《ほんろう》されるけれど、実に自由だ。「若者の歌」「おとめの歌」という見出しがないと、どちらの歌かわからないくらい、女らしさ、男らしさから自由に振る舞う。おとめはリードし、若者ははにかむ。ありのままの相手を愛し、素晴らしさを発見する。しかも恋人たちの目はお互いだけではなく、外の世界にも広がり、決して自己完結しない。愛の連鎖《れんさ》はどんどん広がっていくのだ。

こういう愛は遠く離れていても最終的に神に繋《つな》がっているので、聖書の神はわざわざ恋愛の場面に出てくる野暮《やぼ》なことはしない。それだけ恋人たちを信頼していると言ってよい。だからこそ、聖書には神があえて出てこない文書がある。ここに人間の自由の根拠があるのだ。

資料

《資料 1》

シャガールの《雅歌》

雅歌をモティーフとした 5 枚の一連の絵画（1960-66 年）。亡妻ベラとの愛の日々を雅歌に託して描いた。赤を基調とした鮮やかな情熱的作品。

実際に色をみてみよう

©ADAGP, Paris & JASPAR, Tokyo, 2018, Chagall ®E3323
Photo©RMN-Grand Palais (musée Marc Chagall) /Adrien Didierjean/AMF/amanaimages

実際に色をみてみよう

《資料 2》

ギュスターヴ・モローの《雅歌》（1893 年）

（大原美術館所蔵）

中性的、両性具有的にもみえる官能性を描いた作品。「男らしさ」「女らしさ」にとらわれない美と愛のあり方を問いかける。

Active Learning アクティブラーニング

1 雅歌二―三章を読んで、その愛の情景を絵や歌、小説などで描いてみよう。

2 雅歌の情景をシャガールは赤、モローは青で表現したが、他の色の可能性はないだろうか。グループで話し合ってみよう。

3 恋愛において「女らしさ」「男らしさ」は必要か。ありのままの人の魅力とは何か、話し合ってみよう。

聖書はみだしコラム

「わたしを抱いてくださればよいのに。」（雅歌 2:6）

▶絶対、聖書の言葉だと思われない一節。

メッセージ 15

半径5メートルの外に向かって

イザヤ書　五六章三――七節

主のもとに集って来た異邦人は言うな／主は御自分の民とわたしを区別される、と。宦官《かんがん》も、言うな／見よ、わたしは枯れ木にすぎない、と。なぜなら、主はこう言われる／宦官が、わたしの安息日を常に守り／わたしの望むことを選び／わたしの契約を固く守るなら／わたしは彼らのために、とこしえの名を与え／息子、娘を持つにまさる記念の名を／わたしの家、わたしの城壁に刻む。その名は決して消し去られることがない。また、主のもとに集って来た異邦人が／主に仕え、主の名を愛し、その僕《しもべ》となり／安息日を守り、それを汚すことなく／わたしの契約を固く守るなら／わたしは彼らを聖なるわたしの山に導き／わたしの祈りの家の喜びの祝いに／連なることを許す。彼らが焼き尽くす献げ物といけにえをささげるなら／わたしの祭壇で、わたしはそれを受け入れる。わたしの家は、すべての民の祈りの家と呼ばれる。

解説

「人々が欲しいのは、真実ではなく半径5メートルの幸福なのだ」。中村文則の小説『R帝国』に出てくる言葉だ。この世界のどこかで残酷なことや悲劇が起こっていたとしても、自分の身近なところでなければ人はその世界を肯定できてしまうという。人はどこまでも身近な幸福だけが大切なのかと考えさせられる言葉だ。

わたしたちが生きている世界は実に多様な人々によって構成されている。身体的特徴、人種、言葉、文化、思考、そして性自認もまた多様である。伊藤亜沙氏は著書『目の見えない人は世界をどう見ているのか』で、目の見えない人の空間や状況の認知の仕方を紹介し、目の見える人と能力的に比べるのではなく、その違いを楽しむことを薦《すす》めている。自分とあまりにも異なる認識方法を知ると、この世界は改めて多様で豊かだと感心させられる。

「誰でも来てください」。お店やイベント、そして教会でもよく聞く言葉だ。開放的な呼びかけだが、しかし本当にどんな人が来ても言葉通り心から歓迎してくれるのだろうか、と疑問に思う。車椅子は通れるのか、ホームレスは中に入れてくれるのか、自分たちとは異なる意見の人々はどうだろうか。「誰でも来てください」と言いながら、実は想定する人がおり、それ以外の人が来ると顔をしかめてしまう空気がそこに存在してはいないだろうか。

少なくともイザヤ書が舞台とする古代ユダヤ社会では、神殿において招かれざる者たちがいた。宦官は去勢された男性を指し、ユダヤの社会では蔑《さげす》みの対象であった。また異邦人は神の民イスラエル以外の人を指し、救いからもれた民だと言われた。そうした人々は神の前に相応《ふさわ》しくないと神殿から締め出されていたのである。そこには絵本『いのちの水』のように、水が飲める人と外で飲めない人とを隔てる大きな壁が広がっていたのだ。そしてその壁は現代でも多くの場所で見つけることができるだろう。しかしイザヤは神の言葉として、排除されていた様々な人々を取り上げていく。神を心から求めるのであれば、神は変わらずに受け入れてくださると宣言するのだ。なぜなら神殿はすべての民にとって祈りの家だからだ。神は、たとえ自分であっても自らを「枯れ木にすぎない」と貶《おとし》めることを許さない。ここには、社会の中で小さくされている者たちにこそ、顔を上げて自分の元へ来て欲しいと願う神がいる。聖書の神は自分の5メートル以外に生きる人々が関心ごとのようだ。

この世界には実に様々な人がいるが、聖書を読む時、自分の小さな世界を超えて、大きく離れた人々を意識してみたい。きっとそこに優劣の材料としての違いではなく、それを互いに楽しむ豊かな生き方があるはずだ。

資料

《資料1》

岩村史子、篠浦千史（文）、金斗鉉（絵）『サンガイ ジウナコ ラギ──みんなで生きるために』（デイヨ 伊予〔発行〕日本キリスト教団出版局〔発売〕、2008年）

キリスト教海外医療協力会（JOCS）からネパールに派遣された岩村昇医師の体験が元となった絵本。「共に生きる」視点が描かれている。

《資料2》

トム・ハーパー（原作）、中村吉基（訳）、望月麻生（絵）『いのちの水』（新教出版社、2017年）

もともとは誰でも飲むことができた泉の水をめぐるお話。次第に飲める人と飲めない人の境界線が作られていく世界は、区別や差別を強調する現在においても示唆《しさ》に富んでいる。

《資料3》

伊藤亜沙『目の見えない人は世界をどう見ているのか』（光文社、2015年）

目の見えない人たちがどのような感覚を使ってこの世界を認識しているのか。能力の優劣ではなく、その違いをそのまま違うこととして受け止める視点を教えてくれる。

《資料4》

『カミングアウト・レターズ──子どもと親、生徒と教師の往復書簡』（太郎次郎社エディタス、2007年）

自らの性的指向や性自認について、親や教師たちへの告白。その手紙のやり取りが集められている。

Active Learning アクティブラーニング

1 イザヤ書五三章には、宦官や異邦人など当時のユダヤ教で差別されていた人々が登場する。現代において、同じように差別され、コミュニティの輪から追い出されている人とはどのような人たちだろうか考えてみよう。

2 自分の半径5メートルの幸せとは一体どのようなものだろうか。またその外で起こっている世界の悲惨な現状とはなんだろうか。

3 ダイヤローグ・イン・ザ・ダークのイベントを調べてみよう（http://www.dialoginthedark.com）。可能であれば、そのイベントに参加し、どのような気づきがあったかを話し合ってみよう。

聖書はみだしコラム

「手のひらにすくって海を量《はか》り／手の幅をもって天を測《はか》る者があろうか。地の塵《ちり》を升《ます》で量り尽くし／山々を秤《はかり》にかけ／

▶想像してみよう。愚かな人はスケールが大きいのか？

「それでもなお夢がある」って言える人に

エレミヤ書 二九章七、一一―一二節

わたしが、あなたたちを捕囚《ほしゅう》として送った町の平安を求め、その町のために主に祈りなさい。その町の平安があってこそ、あなたたちにも平安があるのだから。わたしは、あなたたちのために立てた計画をよく心に留めている、と主は言われる。それは平和の計画であって、災いの計画ではない。将来と希望を与えるものである。そのとき、あなたたちがわたしを呼び、来てわたしに祈り求めるなら、わたしは聞く。わたしを尋ね求めるならば見いだし、心を尽くしてわたしを求めるなら、わたしに出会うであろう、と主は言われる。わたしは捕囚の民を帰らせる。わたしはあなたたちをあらゆる国々の間に、またあらゆる地域に追いやったが、そこから呼び集め、かつてそこから捕囚として追い出した元の場所へ連れ戻す、と主は言われる。

解説

どんな時に人は強くなれるのだろうか。苦しみの中で希望を捨てないでいられるのはなぜだろうか。預言者エレミヤはそんなことを考えさせてくれる。

エレミヤは、南ユダ王国がバビロニア帝国に侵攻される激動の時代に活動した預言者である。エレミヤが生きたのはバビロン捕囚という大きな苦しみの時代であり、彼はその厳しい現実の原因は自分たちの神への背きにあることを語り続けた。その役割はとても辛《つら》いものであり、彼は涙を流しながら活動した「涙の預言者」と言われる。しかし彼が語った言葉の中には、過去の過《あやま》ちだけでなく、未来（神からの希望や幻）に関する力強いものもある。神からの希望こそが、民族的、また個人的な苦境の中で彼を突き動かし続けたのだ。

エレミヤ書では「イスラエルの希望、苦難のときの救い主よ」（14・8）、「イスラエルの希望である主よ」（17・13）という語りかけが登場する。苦難と対峙《たいじ》するにはあまりにも弱い人間の現実の中で、エレミヤにとっては神だけが希望であった。厳しい現実の中で彼が涙を流しながらも活動することができたのは神の約束があったからである。ユダヤ教も、キリスト教も、イスラム教も契約宗教と言われることがあるが、それは神の約束に望みを置くからだ。

エレミヤのように神からの希望（幻）を頼りに厳しい現実を生きた人たちがいる。その中の一人はキング牧師だ。彼はアメ

言われる。」（エレミヤ書 2:22）

リカにおける激しい人種差別の中、リンカーン記念堂で"I have a dream"と語り始め、いつの日か肌の色が異なる人々が和解し、同じテーブルにつく幻について演説をした。それが神から示された希望、幻だったからだ。

　日本におけるキング研究の第一人者梶原寿氏は、あの演説は当時の状況を考えれば、"I still have a dream"と理解すべきだと指摘する。なぜならあの演説は運動が上手《うま》くいっている時ではなく、キングが最も不安で苦しい時であったからだというのだ。確かに演説の前後には、彼の同僚や政治的後ろ盾《だて》だったケネディ大統領の暗殺、黒人教会の爆破により4人の聖歌隊の少女の命が奪われるといった出来事があり、心が折れるよう状況であったことが分かる。

　そうした出来事の中で、「それでもなおわたしには夢がある！」と彼は宣言したのだ。神が与える幻や希望とは、わたしたちの現実の中で、「それでもなお」と声を絞り出し、行動する力を与えてくれる。

1963年8月、ワシントン大行進にて、"I Have a Dream"の演説を行うキング牧師（http://Youtu.be/eQ6q2cnVXqQ）

資料

《資料 1》

キング牧師の演説映像

1963年にリンカーン記念堂の前で行われたキング牧師のスピーチ映像を見てみよう。

I have a dream that one day this nation will rise up and live out the true meaning of its creed: "We hold these truths to be self-evident, that all men are created equal."〔中略〕

I have a dream that my four little children will one day live in a nation where they will not be judged by the color of their skin but by the content of their character.

《資料 2》

コレッタ・スコット・キング（編）、梶原寿・石井美恵子（訳）『キング牧師の言葉』（日本キリスト教団出版局、1993年）

キング牧師の著作、スピーチや論文などから言葉が集められ、テーマごとにまとめられている。

《資料 3》

サン・テグジュペリ（著）、内藤濯（訳）『星の王子さま』（岩波書店、2000年）

砂漠に不時着した飛行士と別の星からやってきた不思議な王子さまとの出会いの物語。「見えないものの大切さ」が一つのテーマとなっている。

Active Learning アクティブラーニング

1 キング牧師の時代のアフリカ系アメリカ人の境遇を調べ、キングがみた幻（世界）がどのようなものであったかをまとめてみよう。

2 日本の政治や学校において、誤りや不正義が横行しても、もはや慣れてしまって諦《あきら》めてしまっていることにはどのようなものがあるだろうか、自分で考え、次にグループで話し合い、発表してみよう。

3 6人ぐらいのグループに分かれ、「理想の社会」を定義付けしてまとめよう。そしてその実現のためには、どのような取り組みが必要なのか、現実的な方策を打ち出し、発表してみよう。

聖書はみだしコラム

「たとえ灰汁《あく》で体を洗い／多くの石灰《せっかい》を使っても／わたしの目には／罪があなたに染みついていると／主なる神は

▶これを落とす洗剤があったら売れそうだ。

メッセージ 17

倒れても土台さえあれば

エゼキエル書 二章一――二節

彼はわたしに言われた。「人の子よ、自分の足で立て。わたしはあなたに命じる。」彼がわたしに語り始めたとき、霊がわたしの中に入り、わたしを自分の足で立たせた。わたしは語りかける者に耳を傾けた。

解説

「もうだめだ」「死にたい」。そんな呻《うめ》きが心から漏《も》れたことはないだろうか。わたしたちはたびたび疲れ、倒れてしまう。体だけでなく心さえも動かなくなってしまうことがあるのだ。そこにはあなたの希望を打ち砕くような大きな困難が立ちはだかっているにちがいない。

預言者エゼキエルもまた心を砕かれるような経験をした人物だ。彼と同胞を絶望へと導いていたのは、バビロン捕囚という民族的苦難であった。エゼキエル書は、イザヤ書やエレミヤ書と並ぶ「3大預言書」と言われることがある。エゼキエルはエレミヤとほぼ同時期の預言者であるが、決定的な違いがある。それはエレミヤがエルサレムに残った人々の中で活動したのに対して、エゼキエルは捕囚先で苦しむ仲間たちの間で活動したことにある。彼は捕囚から5年目のある日、出口の見えない苦難の中で神からの語りかけを聴き取っていく。

神はエゼキエルに「人の子よ、自分の足で立て」と語りかける。出口の見えない苦しみの中で神は非情にも自分で立ち上がれと声をかけるのだ。当然神はエゼキエルたちの厳しい状況を知っていたはずだ。それにもかかわらず声をかけるのは、「あなたなら立ち上がることができる」という信頼があるからに違いない。すると神の霊が人の中に入り、その人を立たせた、という表現が繰《く》り返し語られている。この神の言葉には人を立たせるだけの力があったようだ。

わたしたちも度々わたしたちの心を立ち上がらせるような言葉に出会うことがある。あなたには、苦難の経験の中で立ち上がらされた出来事はあるだろうか。そんな時、どのような言葉がそこにあっただろうか。

わたしたちの立ち上がりを考える時、もう一つ大切にしたいのは各々が築いてきた土台である。それは何を大切に生きてきたかと深い関係がある。エゼキエルが神の言葉を受けた時、す

いた。…」（エゼキエル書1:4-28、10:1-22）

ぐに立ち上がることができたのは彼の土台がしっかりしていたからだ。その土台とは古代イスラエルの中で大切にされてきた神への信仰であった。

「わたしの言葉を聞き、それを行う人が皆、どんな人に似ているかを示そう。それは、地面を深く掘り下げ、岩の上に土台を置いて家を建てた人に似ている。洪水になって川の水がその家に押し寄せたが、しっかり建ててあったので、揺り動かすことができなかった」（ルカ6・46―48）とイエスは言っている。

人がそれまで大切にしてきた神の言葉がその人の人生の土台となっていく。その土台は人生の様々な困難さの中でも崩れることはない。あなたの土台はどのようなものだろうか。

資料

《資料 1》

加藤久仁生（絵）、平田研也（文）『つみきのいえ』（白泉社、2008年）

海中に積み上げられた家に住むおじいさんが主人公。ある日、海底に落とした工具を取りに行く。下に潜《もぐ》れば潜《もぐ》るほど、過去の住処《すみか》とともに思い出が蘇《よみがえ》っていく。

《資料 2》

晴佐久昌英『恵みのとき――病気になったら』（サンマーク出版、2005年）

カトリックの司祭である著者が自身の入院、手術の体験をもとに書いた詩。病気というマイナスに思える出来事の中で気づいた恵みが詩となっている。

《資料 3》

さはらよしこ（絵と文）『サンタてんし3さい』（日本キリスト教団出版局、2010年）

病気を抱えて生まれた3歳の子どもが主人公。病によって地上での命を終える現実の中で、その子だけに与えられた使命があることを伝える絵本。

ピーテル・ブリューゲル作《バベルの塔》創世記11:1-9参照。人間が誤った動機で積み上げげる時の混乱を描いている。

Active Learning アクティブラーニング

1 これまでに自分が誰かに言われた言葉で、救われた、励まされた言葉はあるだろうか。相手はどのような想いで自分にそれを語ったか考えてみよう。その上で「自分の足で立つ」姿を自分なりにイメージしてみよう。

2 絵本『つみきのいえ』を読み、自分を今、支えている土台について考えてみよう。そしてそれを絵に描いてみよう。

3 絵本『サンタてんし3さい』を読んでみよう。病気など様々な状況の中で、自分の使命を見出し、自分の足で立つことを考えてみよう。

聖書はみだしコラム

「…その顔は人間の顔のようであり、四つとも右に獅子《しし》の顔、左に牛の顔、そして四つとも後には鷲《わし》の顔を持って

▶エゼキエル書に出てくる天使ケルビムの姿。身体の構造が謎すぎて絵に描けない。

メッセージ 18

テンカウントは ならない！

エゼキエル書　三七章一 ― 六節

主の手がわたしの上に臨《のぞ》んだ。わたしは主の霊によって連れ出され、ある谷の真ん中に降ろされた。そこは骨でいっぱいであった。主はわたしに、その周囲を行き巡《めぐ》らせた。見ると、谷の上には非常に多くの骨があり、また見ると、それらは甚《はなは》だしく枯《か》れていた。そのとき、主はわたしに言われた。「人の子よ、これらの骨は生き返ることができるか。」わたしは答えた。「主なる神よ、あなたのみがご存じです。」そこで、主はわたしに言われた。「これらの骨に向かって預言し、彼らに言いなさい。枯れた骨よ、主の言葉を聞け。これらの骨に向かって、主なる神はこう言われる。見よ、わたしはお前たちの中に霊を吹き込む。すると、お前たちは生き返る。わたしは、お前たちの上に筋《すじ》をおき、肉を付け、皮膚で覆《おお》い、霊を吹き込む。すると、お前たちは生き返る。」

解説

骨だらけの場所とはいったいどんなものだろうか。「枯れた骨」とはまったく命を感じさせない、ということだ。そんな死が集積した場所で、エゼキエルは生命溢《あふ》れる神の幻を見る。

歴史上、命を感じさせない場所はいくつもあり、第二次世界大戦中の日系人収容所もその一つに数えられるかもしれない。日米開戦を受けて、アメリカは大統領令としてアメリカ本土の西海岸にいた日系人約12万人を収容所に収監する。多くの日系人は厩舎《きゅうしゃ》を改築したセンターに数ヶ月収容された後、本土に10カ所建てられた収容所に送られていった。鉄条網で囲まれた各収容所は人里離れた荒れ地に建てられ、見張り塔からは兵士が銃を持って監視をしていた。

親の世代で収容された移民一世の堀越比佐子さんは、ハートマウンテン収容所には当初、「何も色がなかった」と証言する。砂漠、バラックの粗末な木材、冬には雪、そんな枯れた色の中で、唯一鮮やかな色が日曜礼拝の花束に認められた。それは収容所内のキリスト教礼拝のため、外部の教会から毎週届けられたもので、礼拝後には集まった女性たちで一輪ずつバラックへと持ち帰ったという。堀越さんは、花びらが枯れ落ちて茎《くき》だけになってもそれを一週間飾り、眺め続けたという。「その花のなんと美しかったことか」と彼女は証言する。

収容所の一世の中には、過酷《かこく》な労働で得た財産を奪われ、家畜のように扱われ、またいつ出られるともわからない状況の中で、「一度精神的に死んだ」と証言する人も多い。しかし、そうした苦境の中で礼拝を捧《ささ》げ、助け合い、コミュニティを再構築していった人たちがいる。驚くことにすべての収容所で日本庭園が存在したことが認められているが、知恵と力を尽くして、砂漠のような枯れた大地に人々が憩《いこ》い、水と命が溢《あふ》れる場所を作り上げていったのだ。

エゼキエルは枯れた骨がカタカタと音を立て蘇《よみがえ》っていく光景を見る。9節に「殺された」とあり、この谷で多くの人が殺害されたことを暗示している。これはバビロニア帝国に支配され、バビロン捕囚の苦しみの出来事を強く表現しているに違いない。その場所でエゼキエルは「人の子よ、これらの骨はイスラエルの全家である」という宣言を聞き、「わたしがお前たちの中に霊を吹き込むと、お前たちは生きる」と語られたのだ。捕囚で希望を失い死んだ者たちが、もう一度自由となり、互いに命を感じさせる愛ある者として再生していく姿が預言されている。

先述の堀越さんは99歳で召天されたが、クリスチャンである彼女は晩年に「沢山の仲間が天に帰って寂しいと思っていた。でもある時に後ろに過ぎ去っていったように見えたそれらの人々が、前に見えるようになってきた。自分の道の前にその人たちがいて、再会できると思えてきた」と語っておられる。聖書における死者の甦《よみがえ》りは、今を生きるわたしたちがもう一度苦境の中で立ち上がっていくことと深く繋《つな》がっている。

資料

《資料 1》

エリック・カール（絵）、アリス・マクレーラン（文）、ゆあさふみえ（訳）『ことりをすきになった山』（偕成社、1987年）

小鳥と孤独な山との出会いの物語。出会いを通して喜びと別れの寂しさを経験していく山。様々な感情を経て、山はさらに変化していく。

《資料 2》

具志堅隆松『ぼくが遺骨を掘る人「ガマフヤー」になったわけ。──サトウキビの島は戦場だった』（合同出版、2012年）

長年沖縄戦で命を落とした人々の遺骨を収集し、記録する活動をしてきた著者。遺骨は沖縄戦がどのようなものであったか、またどのようにして亡くなったのかを力強く物語るという。

《資料 3》

ヴィクトール・E・フランクル（著）、池田香代子（訳）『夜と霧』（みすず書房、2002年）

アウシュビッツ強制収容所を生き残った精神科医の記録。

アメリカ、カリフォルニア州マンザナーの日系人強制収容所跡地。

Active Learning アクティブラーニング

1 『ことりをすきになった山』を読み、登場する山を人間に例えたとすればどのような状態だろうか、想像してみよう。

2 それぞれが「死」を強く意識した瞬間はどんな時だろうか。あるいは「人はなぜ死ぬ存在であるのか」その原因を自分なりに答えを出してみよう。

3 日系人収容所やアウシュビッツ収容所について調べ、人種による差別や殺戮《さつりく》がなぜ起こるのか、その原因を自分で考え、その後、グループで話し合ってみよう。

聖書はみだしコラム

「見よ、カタカタと音を立てて、骨と骨とが近づいた。わたしが見ていると、見よ、それらの骨の上に筋と肉が生じ、

▶枯れた骨の復活は神の恵みだと頭で分かっていても、ホラーすぎる復活のプロセスは途中ではあんまり見たくない。

メッセージ 19

「いい子教」の熱心な信者じゃなくても

ヨナ書　四章九―一一節

神はヨナに言われた。「お前はとうごまの木のことで怒るが、それは正しいことか。」彼は言った。「もちろんです。怒りのあまり死にたいくらいです。」すると、主はこう言われた。「お前は、自分で労することも育てることもなく、一夜にして生じ、一夜にして滅びたこのとうごまの木さえ惜《お》しんでいる。それならば、どうしてわたしが、この大いなる都ニネベを惜しまずにいられるだろうか。そこには、十二万人以上の右も左もわきまえぬ人間と、無数の家畜がいるのだから。」

解説

人生は実に不規則で不思議だ。ヨナはまさにそのような人生を生きた預言者である。彼の生涯から、一見ネガティブな「逃げる」という行為もまた神の計画の中にあることを教えられる。

アッシリアの有力都市であり、当時最も栄えていたニネベ。その一方で聖書によると、社会的腐敗はひどかったようだ。このニネベを悔い改めさせるため、神は預言者ヨナを遣《つか》わす。しかしヨナは何を考えたのか、まったく逆の方向へと逃げていくのだ。神に背を向け、逃亡するヨナの姿は少し滑稽《こっけい》だ。しかし彼の逃亡計画は途中で頓挫《とんざ》してしまう。乗り込んだ船は大荒れの海の中で転覆《てんぷく》の危険に晒《さら》されるが、その原因が神に背くヨナだと考えた人々によって海へと放り込まれてしまうのだ。しかしそこで物語は終わらない。ヨナは巨大な魚に飲み込まれ、三日三晩考え、祈る時間を与えられる。人生には改めて自分を見直す瞬間が与えられることがある。そして彼が改心すると同時に魚はヨナを陸地へと吐《は》き出す。ここで一転してヨナは良い子になり、今度こそ神の言う通りニネベに行くことを決意するのだ。しかし、これも物語の終わりではない。

ヨナは、異教の神を信仰するニネベの人々を回心させることに成功する。しかしヨナはこれが面白くない。ヨナ自身が一度神に背を向けた人物でありながら、異教の民ニネベが赦《ゆる》されることが受け入れられない。「あんな奴らは罰を受けた方がいい」との呟《つぶや》きが聞こえてきそうだ。ヨナの姿を通して示されているのは、当時の偏狭《へんきょう》な民族主義であり、自分の神を信じない民族は滅びて当然だという考えである。これは現代においても世界中で見ることができる感情だろう。

しかし、神はその偏狭な枠組みを超えるように巧《たく》みにヨナを導いていく。たとえ民族や信じるものが異なろうとも、それぞ

も粗布をまとい、ひたすら神に祈願せよ。』」(ヨナ書3:6-8)

れが大切な命であるから、それを惜しむのは当然だ。神は、人が悔い改めることをギリギリまで待ち続ける必要性を説く。こうしてヨナは大切なことを体験的に学んでいく。神はどのような民族であろうとも、たとえ堕落《だらく》していても、そこから立ち返ることを待ち続けてくださる方であり、一つ一つの命を大切にしておられる方なのである。

以前、ある高校生が「わたしは自分で開いた『いい子教』の熱心な信徒だった」と語ってくれたことがある。自らの意志ではなく、周囲の期待に応えることだけを誇りとし絶対的な掟《おきて》にしていたというのだ。そうして理想と自分のルールで自身をガチガチに縛《しば》っていたが、同時にそんな自分に陶酔《とうすい》もしていたという。ヨナの面白いところは、「いい子ではない」彼が逃亡したことも、神に不平を言ったことも、その全てが最後の学びへと繋《つな》がっていることだ。紆余曲折《うよきょくせつ》する中でこそ、大切な気づきに

《Jonah and the Whale》絵＝ピーテル・ラストマン（1583-1633年）

出会うことがある。

わたしたちの人生においても同じことが起こっているのかもしれない。自分の正義で誰かを裁き、価値をつけていくわたしたち。そして重要な気づきを得るため、「体験」を与えてくださる神。その出来事に触れる時、神の与える人生とはなんと不思議だろうかと思わずにはいられない。

資料

《資料 1》

渡辺和子『置かれた場所で咲きなさい』（幻冬舎、2012年）

著者はカトリックのシスター。自身の体験を通して、置かれた場所こそが自らが輝く重要な場所であることを教えてくれる。

《資料 2》

ロブ・ライナー（監督）**『スタンド・バイ・ミー』**（アメリカ、1986年）

オレゴンの田舎町の４人の少年たちが町を出て旅に出る物語。４人それぞれがアイデンティティの揺らぎや傷を抱えている。そうした少年が旅（外の世界）を通して内面的に成長していく姿が描かれている。

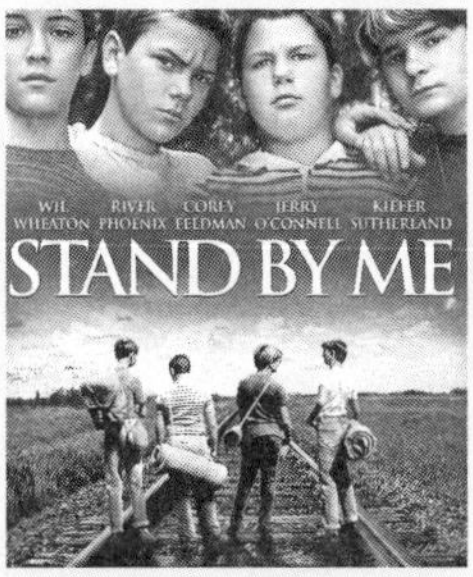

Blu-ray/DVD『スタンド・バイ・ミー』
発売・販売元：ソニー・ピクチャーズ エンタテインメント

Active Learning アクティブラーニング

1 54年度版讃美歌II編167番「われをもすくいし」の歌詞を読み、作詞者ジョン・ニュートンの経歴を調べてみよう。

2 これまで逃げ出したいと思った役割はあっただろうか。そして後になってから、その役割をやって良かったと思えることはあるだろうか。

3 渡辺和子の『置かれた場所で咲きなさい』は、置かれた場所が自分の大切な居場所として選び取る重要性を語っている。しかし、もし人生において、逃げなければならない時や自分の居場所として選んではいけない場所があるとすれば、それは一体どのような時や場所だろうか。

聖書はみだしコラム

「王は…ニネベに断食《だんじき》を命じた。『人も家畜も、牛、羊に至るまで、何一つ食物を口にしてはならない。…人も家畜

▶神の裁きを避けるため、動物まで妙なものを着せられて、断食。悪いのは人間なのにいい迷惑。

メッセージ 20

殺す道から生かす道へ

ミカ書　四章三節

主は多くの民の争いを裁き／はるか遠くまでも、強い国々を戒《いまし》められる。彼らは剣《つるぎ》を打ち直して鋤《すき》とし／槍《やり》を打ち直して鎌とする。国は国に向かって剣を上げず／もはや戦うことを学ばない。

解説

平和を作り出すために「武力」は必要不可欠であると考える人は多い。こちらが強大な戦力を保持すれば、相手は報復を恐れて過度な軍事行動を控え、ある種の緊張関係の中で秩序が保たれるという。現在、最大の武力は「核兵器」だろう。しかし、世界の現実に目を向ける時、武力の行使は攻撃を受けた側に新たな憎悪《ぞうお》を生み出し、次の報復を生み出していることもまた事実である。武力は本当に秩序を約束してくれるのだろうか。

「平和」とはいったいどのような状態なのだろう。考えれば考えるほど、わたしたちの「平和」のイメージは人それぞれであり、漠然《ばくぜん》としたものであると気づく。本来、「平和」とは戦争のない状態を指す言葉であった。しかし、1960年代から深まりを見せた平和学においては、表立った争いはなくとも差別や貧困、搾取《さくしゅ》の状態など社会保障や構造的な暴力に注目してさらに進んだ「平和」の定義が試みられてきた。戦争も紛争も貧困や差別と深く関わっており、直接的な武力衝突がなくとも、人間の尊厳や基本的人権が著しく侵害された「平和」とはいえない状態は至る所に存在する。また過去に軍事費を増やしてきた国々では、膨大《ぼうだい》な戦費を捻出《ねんしゅつ》するために社会保障を大幅に削減してきた歴史がある。つまり過度の武力依存によって、個人のよりよい生活は大きく後退していくジレンマが存在する。戦力保持は争いのない状態を一時的に作ることはできても、個人のよりよい生活は必ずしも保障してくれない。

では聖書における「平和観」とはどのようなものだろうか。旧約のそれは体験的反省に基づいていると言われることがある。出エジプト記からヨシュア記には、イスラエルの民が武力による制圧を繰り返しながら約束の地カナンに入植する歴史が記されている。しかし後に同じ武力によって彼らは周辺の国々に制圧され、捕囚をも経験していくのだ。そうした体験的反省に立って、預言者たちを通して語られたのがこのミカ書の言葉だ。これはイザヤ書にも見られる預言であり、激変の時代を見つめた預言者たちに託された言葉であった。人を殺す剣や槍から、命を生かす食物を育てる鋤や鎌へ転換。力を追い求める生き方からの転換を促す神の言葉。この言葉は武力依存から脱却し、どのように互いを活かし合う関係を生み出せるか、そのための枠組みや関係性を構築できるかと、わたしたちに問いかけているのではないだろうか。

キリスト教の重要テーマの一つはイエスの十字架による「和解」だ。争い、不平等、差別、搾取があるところにいかに「和解」を生み出せるか、創造的な視点で「平和」を考えてみよう。特に過去のアジア侵略が原爆被爆国という形で終わった反省に立つ日本だからこそ求められる役割があるに違いない。

資料

《資料 1》

ヨハン・ガルトゥング他『ガルトゥング平和学入門』（法律文化社、2003年）

ノルウェーの平和学者が構造的な暴力について説明する。また「消極的平和」や「積極的平和」の違いにも触れている。

《資料 2》

石浜みかる『変わっていくこの国で――戦争期を生きたキリスト者たち』（日本キリスト教団出版局、2007年）

戦争期を生きたクリスチャンたちの生き方や言葉が記されている。

《資料 3》

栗林輝夫『原子爆弾とキリスト教――広島・長崎は「しょうがない」か？』（日本キリスト教団出版局、2008年）

原爆投下の流れやそこでのキリスト教の関わりを記している。

《資料 4》

ヘレン・オクセンバリー（絵）、ユージーン・トリビザス（文）、こだまともこ（訳）『3びきのかわいいオオカミ』（冨山房、1994年）

童話「三匹のこぶた」のパロディ版。悪い大豚に入られないよう、かわいいオオカミたちは次々に頑丈《がんじょう》な家を造っていく。そして最後に出来上がった家とは？

Active Learning アクティブラーニング

1 4人くらいのグループに分かれ、『3びきのかわいいオオカミ』のように、平和について考えることができるストーリーを考え、絵本を作ってみよう。

2 ヨハン・ガルトゥングの本を読み、「消極的平和」と「積極的平和」の違いを考えてみよう。そして「積極的平和」実現のためには、現在の日本においてどのような問題を解決する必要があるかを考えてみよう。

3 NCC教育部「平和教育資料センター」を訪れて展示物をみてみよう。過去と現在の取り組みを比べながら、時代によって国家に対してどのような教育の特徴があったかを整理してみよう。

4 現在、日本との関係が悪化していると考えられる国々との関係において、どのような取り組みをすれば、互いに「和解」し、相互理解を促進することができるか、自分で考え、次にグループで具体的な取り組みを議論し、全体で発表してみよう。

NCC教育部「平和教育資料センター」の内部。展示品の中には、「切支丹禁制高札」もある。

聖書はみだしコラム

「わたしの敵よ、わたしのことで喜ぶな。たとえ倒れても、わたしは起き上がる。たとえ闇の中に座っていても／主こそ▶自分を笑う人すべてに見せてやりたい姿だ。

聖書の構成と覚え歌

旧約聖書(39巻)

歴史書

①創世記
②出エジプト記
③レビ記
④民数記
⑤申命記

⑥ヨシュア記
⑦士師記
⑧ルツ記
⑨⑩サムエル記 上・下
⑪⑫列王記 上・下
⑬⑭歴代誌 上・下
⑮エズラ記
⑯ネヘミヤ記
⑰エステル記

諸書

⑱ヨブ記
⑲詩編
⑳箴言
㉑コヘレトの言葉
㉒雅歌

預言

㉓イザヤ書
㉔エレミヤ書
㉕哀歌
㉖エゼキエル書
㉗ダニエル書
㉘ホセア書
㉙ヨエル書
㉚アモス書
㉛オバデヤ書
㉜ヨナ書
㉝ミカ書
㉞ナホム書
㉟ハバクク書
㊱ゼファニヤ書
㊲ハガイ書
㊳ゼカリヤ書
㊴マラキ書

新約聖書(27巻)

福音書

①マタイによる福音書
②マルコによる福音書
③ルカによる福音書
④ヨハネによる福音書

歴史

⑤使徒言行録

手紙

⑥ローマの信徒への手紙
⑦コリントの信徒への手紙一
⑧コリントの信徒への手紙二
⑨ガラテヤの信徒への手紙
⑩エフェソの信徒への手紙
⑪フィリピの信徒への手紙
⑫コロサイの信徒への手紙
⑬テサロニケの信徒への手紙一
⑭テサロニケの信徒への手紙二
⑮テモテへの手紙一
⑯テモテへの手紙二
⑰テトスへの手紙
⑱フィレモンへの手紙
⑲ヘブライ人への手紙
⑳ヤコブの手紙
㉑ペテロの手紙一
㉒ペテロの手紙二
㉓ヨハネの手紙一
㉔ヨハネの手紙二
㉕ヨハネの手紙三
㉖ユダの手紙

黙示文学

㉗ヨハネの黙示録

♪聖書覚え歌♬

今まで歌われているのは、「汽笛一声《きてきいっせい》新橋を～♪」という鉄道唱歌が一般的です。

(表記は新共同訳聖書による)

旧約聖書

1.
創《そう》・出《しゅつ》・レビ・民《みん》・申命《しんめい》記《き》、
ヨシュア・士師《しし》・ルツ・サム・列王《れつおう》、
歴代《れきだい》・エズ・ネヘ・エステル記《き》
ヨブ・詩《し》・箴言《しんげん》・コヘレト・雅《が》

2.
イザヤ・エレ・哀《あい》・エゼ・ダニエル、
ホセア・ヨエ・アモ・オバ・ヨナ・ミ、
ナホム・ハバクク、ゼファ・ハガイ、
ゼカリア・マラキで ３９《さんじゅうきゅう》

新約聖書

3.
マタイ・マコ・ルカ・ヨハネ伝《でん》、
使徒《しと》・ロマ・コリント・ガラテヤ書《しょ》、
エフェソ・フィリ・コロ・テサロニケ、
テモ・テト・フィレモン・ヘブライ書《しょ》、

4.
ヤコブ・ペテロ・ヨハネ・ユダ、
ヨハネの黙示《もくし》で ２７《にじゅうしち》
旧新《きゅうしん》両《りょう》約《やく》合《あ》わせれば、
聖書《せいしょ》の数《かず》は ６６《ろくじゅうろく》

アクティブラーニング
Active Learning
みんなの知っている歌で、新しい覚え方を探してみよう。

The New Testament

新約聖書のメッセージ

メッセージ

01

マジ 神いる？

マタイによる福音書　一章二三節

「見よ、おとめが身ごもって男の子を産む。その名はインマヌエルと呼ばれる。」この名は、「神は我々と共におられる」という意味である。

解説

マリアとヨセフは、現住所であるガリラヤのナザレから、ユダヤのベツレヘムまで移動しなくてはならなかった。西ヨーロッパから北アフリカ、そして地中海沿岸にわたる広範な地域を強大な軍事力によって支配していたローマ帝国の皇帝アウグストゥスによって住民登録の勅令《ちょくれい》が出されたためである。アウグストゥスは、支配下に治めた国々の全住民数をより正確に把握《はあく》しようとした。それは、国民から細大漏《も》らさず税金を取り立てることによって、ローマ帝国の財政基盤を固くし、軍事力を一層強化して支配地域を拡大するためであった。

そのため、一般市民たちは住民登録のため、寒い時季にはるばる遠くの村まで、行かなくてもよいはずの旅をしなければならなくなった。ナザレからベツレヘムまで直線距離でも100キロ以上あるが、当時の政治的な事情のため、さらに大きく迂《う》回《かい》しなければならなかった。徒歩もしくはろばに乗って旅する時代である。身重のマリアにとって、このような旅は大変厳しかったことは想像に難《かた》くない。

しかも、ようやくベツレヘムに到着してみれば、小さな村は住民登録しようと一斉《いっせい》に集まってきた人々でごった返し、宿屋という宿屋はどこも満室だった。そんな中、マリアが突然産気づく。ヨセフは慌《あわ》ててマリアの手を引き、家畜小屋に飛び込んだところで赤ちゃんは産まれた。

このクリスマスの出来事は、現代のシリア難民の姿と重なるものがある。シリアでは、政権軍と反政府軍による内戦状態が長い間続いている。そこにＩＳ（イスラム国）のような過激なグループが現れ、混乱に拍車をかけている。多くの避難民が救いを求めて逃げ出しているが、その半数近くはトルコに押し寄せていると言う。トルコ経由でヨーロッパに向かおうとしているのだ。

シリア難民の受け入れを正式に表明している国々の中でも最大の受け入れ国はドイツだが、多くの難民たちはパスポートもビザも持たず、最低限の金銭しか所持していないためトルコから海を渡り、徒歩で北上する非正規のルートを取らざるを得ない。トルコから海を渡るのも安価に済《す》ますため、ゴムボートに

没薬を贈り物として献げた。」（マタイによる福音書 2:11）

五〇人以上を乗り込ませたりするので、ゴムボートが転覆《てんぷく》し、これまでに何千人もの難民が命を落としたと言う。

運よく海を渡っても、そこから徒歩でドイツに向かう道は困難を極める。さらに、そうやって苦労の末ドイツにたどり着いても、そこには難民に対する差別や偏見を持った人々が待ち受けている。シリア難民は、前に進むのも、後に戻るのも困難という現実に置かれているのだ。

マリアとヨセフもこのような旅をしたのではないだろうか。しかし、この二人を通して生まれようとしているイエス・キリストは、旧約聖書によって「その名はインマヌエルと呼ばれる」と預言されたお方だった。神の約束は、誰にも止めることができない。だから、マリアとヨセフは、もうこれ以上進むことができないとしか思えない状況に陥っても、歩むべき道が次々と切り開かれ、進むことができた。

この「インマヌエル」の希望が世界中の人々にもたらされたのが、クリスマスである。世界には今、この瞬間にも恐れと不安に包まれ、絶望的な状況の中で生きている人々が大勢いる。そのような暗闇に覆《おお》われて生きている人々にこそ、「神が共にいてくださる」という希望が与えられることを願うものである。

*クロスリファレンス　旧約06、12もあわせて見てみよう

資料

《資料1》
受胎告知教会
マリアがみ告げを受けた洞窟の上に建てられた教会の礼拝堂。

《資料2》
キャサリン・ハードウィック（監督）
映画『マリア』（アメリカ、2006年）
ナザレに住むマリアは、ヨセフとの結婚が決まったことを両親から告げられる。見ず知らずの男性との結婚に驚いたマリアはオリーブの林に逃げ込む。そこで天使から神の子を身ごもることを知らされる。

《資料3》
賀来周一『サンタクロースの謎』
（キリスト新聞社、2008年）
クリスマスの起源、聖書に見るクリスマス、サンタクロースはなぜ生まれたのか、などをくわしく説明する。

《資料4》
こども聖書アプリ
聖書の有名な物語を遊びながら学べる便利なスマホ・タブレット用アプリ。こども向けだが今さら聞けない大人にもおすすめ。もちろんイエス誕生の物語もあり。

アクティブラーニング

Active Learning

1　サンタクロースは、なぜ空から、煙突からやってくるのか、なぜ赤い衣装、雪国の服装をしているのか、なぜおじいさんなのか、南半球でサンタクロースはどうしているのか、など不思議な点について、まず自分で考え、それから皆で出し合い、調べてみよう。

2　映画『マリア』（二〇〇六年）を観て、マリアやヨセフの身になって、この不思議なできごとについて考えてみよう。このことが当時の社会ではどのような意味があったのか、現代と対比させて考えてみよう。

3　現代社会は、シリアの難民を始め、多くの難民が長い道のりを旅している。「神は我々とともにおられる」という希望は彼らに届くのか、また、わたしたちに何ができるのかを自分で考え、次にグループで話し合ってみよう。

聖書はみだしコラム

「家に入ってみると、幼子は母マリアと共におられた。彼らはひれ伏して幼子を拝み、宝の箱を開けて、黄金、乳香、
▶それにしてもスゴイ贈り物だなあ！！　宝を奪われずに長旅をしてきた博士たち、エライ！

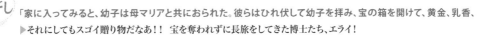

メッセージ 02

しょっぱい まぶしい でも、うれしい

マタイによる福音書 五章一四 ― 一六節

あなたがたは世の光である。…あなたがたの光を人々の前に輝かしなさい。

わたしたちは、自分の額《ひたい》を流れる汗が口に入ったり、指を切った時に出た血を舐《な》めたりすると塩気を感じる。そこには間違いなく塩分が含まれている。わたしたちがそのようにして自分の体内に塩分が含まれていることを知るというのは大変意味深いことのように思われる。

解説

イエスは、次のように言われた。「あなたがたは地の塩である」（13節b）。しかし、これに続く言葉は何だか否定的だ。「塩に塩気がなくなれば……」とは、「地の塩である」と呼びかけられた人間の体内から塩気がなくなる、すなわち「血の気がなくなる」ことだと理解すると、それは死を意味しているということになる。

そのようにイメージを膨《ふく》らませると、ここで言われていることは大変厳しい内容になる。つまり、「人間は死んでしまえば、もはや何の役にも立たず、外に投げ捨てられ、踏みつけられるような存在になる」ということだ。確かに多くの人々が、死んでしまえば人間は空しい物体と化し、その先はないと考えている。

しかし、イエスの言葉はそこで終わらない。「あなたがたは世の光である」（14節）と続く。本当の暗闇《くらやみ》、どこにも光を見出すことの出来ない闇というものは、現代を生きるわたしたちの身近にはもはや存在しない。だが、夏に人里離れたキャンプ場などに行くと、本当の暗闇を経験することがある。そのような何も見えない暗闇に包まれた時、わたしたちは大変不安な気持ちに襲われる。まさに「お先真っ暗」な状態となり、方向感覚を失ってどちらにも足を進めることができなくなってしまう。

人間にとって究極の暗闇、それは死だ。「死んだらすべて終わり」。それが多くの人々の常識だ。しかし、そんな常識の壁を突き破っていくビジョンを、イエスは示された。わたしたちがすべての終わりと考えている暗闇の向こうに、イエスは希望の光を示される。

出口のないトンネルだと思っていた暗闇の向こうから小さな光が見えた時、絶望的だった人間に大きな希望がもたらされる。イエスは、「あなたがたは世の光である」という言葉でもって、

次のように語っておられるのだろう。「あなたがたは死という闇を見つめて生きるのではなく、命の光に照らされ、いつも希望を持って生きなさい。そして、そのような希望を持ったあなたがたが世に出て行き、人々の希望となる灯火《ともしび》を掲げる働きを担いなさい」と。

「あなたがたは地の塩、世の光である」と、イエスは呼びかけられる。塩は大きな鍋にたったひとつまみ入れただけでも、隠し味として十分な効果を発揮する。また、塩を使って食材を煮詰めたり、つけ込んだりすれば腐敗を防ぐことが出来る。他にも、塩はわたしたちが知らないような様々な力を持っている。この塩がわたしたちだと、イエスは言うのである。

わたしたちには、まだ自分でも気付いていないかもしれない賜物《たまもの》が与えられている。語学力や暗記力などといったことばかりとは限らない。聖書の言葉にあるように、「力は弱さの中でこそ十分に発揮される」（コリントⅡ一二章九節）ということもある。自分にとってはマイナスとしか思えないような経験を通して、わたしたちは人に対する優しさや物事を客観的に見ることのできる冷静さを身につけていくということだってあるのだ。

あなたの賜物はどんなものだろうか。塩はほんのわずかでも十分な効果を発揮し、光はどんなに弱くても暗闇の中で大きな希望を生み出すということを覚えていてほしい。

資料

《資料1》

アンネ・フランク（著）、深町眞理子（訳）『アンネの日記』（文藝春秋、2003年）

アンネ・フランクはユダヤ系ドイツ人家庭の次女。ヒトラー政権のユダヤ人迫害のため、オランダに逃れたが、オランダもドイツに占領され、逮捕されて強制収容所で亡くなった。

《資料2》

山口路子『オードリー・ヘップバーンの言葉』（大和書房、2016年）

アンネのバラ

「アンネ・フランクの思い出が現在も将来も私たちとともにあるのは、彼女が死んだからではなく、希望と、愛と、すべての許しの不滅のメッセージを、私たちに残すのに充分な時間を生きたからなのです。」

《資料3》

隅谷三喜男『賀川豊彦』（岩波書店、1995年）

賀川豊彦は明治学院神学部で学ぶ。救貧運動、労働運動、農民運動、協同組合運動などの社会運動の創始者。関東大震災でも積極的に救済活動に取り組んだ。

《資料4》

桃井和馬『すべての生命にであえてよかった』（日本キリスト教団出版局、2010年）

「漆黒《しっこく》の闇に包まれた日暮れ後のへんろ道も、頭につけた小型ヘッドライトの明かりだけを頼りに歩き続けるのですが、これが面白い！足元を照らす明かりは、私が一歩進むと、ちょうど一歩分だけ前に進み、消すと、道そのものが見えなくなります。」

アクティブラーニング

Active Learning

1 資料にあげられた人物の本を読み、なぜそのような行動を取ったのか、その人の身になって考えてみよう。

2 過去の人物で、世界や日本において「地の塩」「世の光」として生きた人にどのような人がいるか、皆で調べてみよう。そして、なぜそう言えるのかも出し合ってみよう。

3 現代において、「世の光」「地の塩」とはどのような生き方なのか、その理由を含めて、自分で考え、次にグループで出し合って、まとめてみよう。

聖書はみだしコラム

「神聖なものを犬に与えてはならず、また、真珠を豚に投げてはならない。それを足で踏みにじり、向き直ってあなた

▶「豚に真珠」というのは、元々イエスの言葉だったのか……。でも、真珠だったら投げられてみたい!?

メッセージ 03

孤立無援、あなたならどうする？

マタイによる福音書　七章一二節

だから、人にしてもらいたいと思うことは何でも、あなたがたも人にしなさい。

解説

人間は、自分の能力の限界を超えるような大きな問題に直面した時、しかも、その問題が絶対に逃れられない大きな壁として立ちはだかった時、何も考えられなくなってしまうのではないだろうか。

その問題を乗り越えなければ前に進めないというのに、どうがんばっても解決方法が見つからない時、人は力を失い、立ち上がれなくなってしまうということさえあるかもしれない。

問題解決の糸口をどこにも見出せない時、人間は孤独というものを感じる。自分が何も出来ない無力な存在として、この世から取り残されてしまったような思いを感じる。その問題は、他の誰でもなく自分自身が解決するしかないのに、その道がふさがれてしまった時、人間は孤立感を味わうのだ。

イエスは、「求めなさい。そうすれば、与えられる。探しなさい。そうすれば、見つかる。門を叩きなさい。そうすれば、開かれる」（7節）と言われた。イエスは、このたとえで何を伝えようとされたのだろうか。それは、「誰にも言い出せないような問題を抱え、孤独に苦しむ時には心を開いて神に打ち明けなさい」ということだろう。イエスは、自分の力だけで生きられないわたしたちに、常日頃から神に祈るようにと教えられたのである。

祈りとは何だろうか。「祈るような思いで……する」と言われることがある。誰でも一度はそのような思いを経験したことがあるのではないだろうか。それはたいてい「神との対話」になっている。通常の対話というのは、相手と面と向かってなされる。しかし、神との対話は、その人の心の中でなされる。だから、祈りとは、自分の心の声を神が聞いてくださることであると同時に、その課題を今一度、自分自身が客観的に捉《とら》え直すということでもあるのだ。

人間は、そのようにして無意識のうちに自分を見つめ直す術《すべ》を身につけている。人間は、もとより自分中心に物事を考えようとする存在だ。だが、皆がそのように生きれば、ただ自己充足だけを求める欲望の塊《かたまり》のような人間は平和共存の道を見失うだろう。しかし、自分中心ではなく、「神中心」に発想を変えてみた時、物事の見方は大きく変わる。

そういう意味で祈りというのは、常に自分中心に物事を考えてしまう人間が、内側に向かっていこうとする思いの方向を、外側に180度向け直す営みであると言えるかもしれない。

に気がついて怖くなり、沈みかけたので、『主よ、助けてください』と叫んだ。」（マタイによる福音書 14:29-30）

だから、そのように祈りについて語った後で、イエスは次のように言われている。「だから、人にしてもらいたいと思うことは何でも、あなたがたも人にしなさい」。

明治学院大学のスクールモットーである“Do for Others”という言葉は、このイエスの言葉から取られている。自分中心に物事を捉えがちな人間が、神に向かって心を開き、神に信頼を置いて語りかける「祈り」を知ることによって、大きく変えられていく。

そして、そのように変えられた一人ひとりが、自分のしてもらいたいと思うことを、他の人にもしようという思いを持つようになっていくのではないだろうか。

わたしたちは、互いのことに関心を払い、互いに配慮し合う愛をもって隣人の輪を広げ、世界の人々とつながって、世界平和の実現という人類最大のテーマを共に担っていく者になりたいと心から願うものである。

資料

《資料1》

苦しみを越えて

I asked God for strength, that I might achieve
I was made weak, that I might learn humbly to obey…
I asked for health, that I might do greater things
I was given infirmity, that I might do better things…
I asked for riches, that I might be happy
I was given poverty, that I might be wise…
I asked for power, that I might have the praise of men
I was given weakness, that I might feel the need of God…
I asked for all things, that I might enjoy life
I was given life, that I might enjoy all things…
I got nothing that I asked for-but everything I had hoped for
Almost despite myself, my unspoken prayers were answered.
I am among all men, most richly blessed !

ニューヨーク州立大学病院物理療法リハビリテーション研究所の受付の壁にある、アメリカ南北戦争での南軍の無名兵士による詩。

《資料2》

宇野哲人『論語新釈』（講談社、1980年）

子貢《しこう》問うて曰《い》はく、「一言にして以《もっ》て終身之《これ》を行ふべき者あるか。」子曰《しい》はく、「其《そ》れ恕《じょ》か。己《おのれ》の欲せざる所《ところ》人に施《ほどこ》す勿《なか》れ。」（衛霊公第十五）

孔子の言葉。「恕」とは、自分の心を推しはかり人を思いやること。

《資料3》

明治学院大学ボランティアセンターの取り組み

1995年の阪神・淡路大震災発生時、多くの学生が自発的に被災地へ向かったことをきっかけに設立。学内の独立した組織として全国に先駆けて誕生した。現在、学生と教職員が協力して様々な活動を行っている。

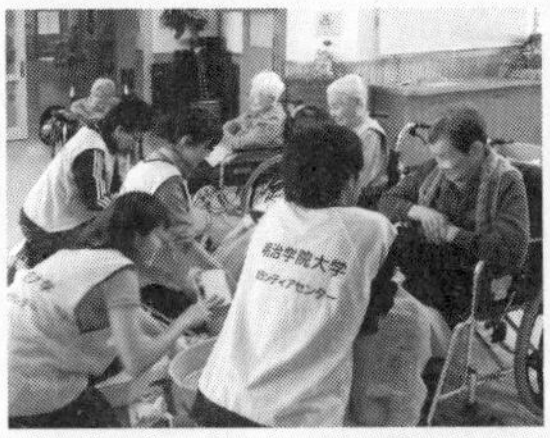

被災地でボランティア活動をする学生

アクティブラーニング

Active Learning

1 《資料1》「苦しみを越えて」を翻訳し、心に感じたことを記して、それを話し合ってみよう。

2 《資料2》で、『聖書』の言葉は「積極型」と言われる一方、孔子の『論語』の言葉は「消極型」と言われている。この二つを社会の様々な問題に当てはめて考え、話し合ってみよう。

3 「人にしてもらいたいと思うことは何でも、あなたがたも人にしなさい。」とあるが、自分にとって具体的にはどのようなことを考えるか、まず個人で考え、次にグループで様々な角度から意見を出し合ってみよう。

聖書はみだしコラム

「イエスが『来なさい』と言われたので、ペトロは舟から降りて水の上を歩き、イエスの方へ進んだ。しかし、強い風

▶ペトロ、惜しかったね。

メッセージ 04

休むために働くのか、働くために休むのか

マルコによる福音書　二章二七 ― 二八節

安息日は、人のために定められた。人が安息日のためにあるのではない。だから、人の子は安息日の主でもある。

解説

「安息日」とは、神の天地創造の七日目における安息に由来し、モーセの十戒で定められた日（旧約聖書・出エジプト記20章10節）のことである。ユダヤ社会では現在の金曜の日没から土曜の日没まで、一切の労働を停止して礼拝と安息のために捧《ささ》げるよう定められている。

律法研究者の一派であるファリサイ派は、律法解釈を社会生活全般に広げて詳細《しょうさい》な規定を作り、安息日に守るべき事柄を定めた。それによれば、安息日に「穂を摘《つ》む」ことも労働として禁じられており、それを犯したイエスを、ファリサイ派は批判したのである。

こんなふうに、安息日の決まりが生活の隅々にまで広げられると、わたしたちのように律法と離れて生きている者には驚くようなこともたくさん出てくる。

かつてイスラエル旅行をした時、当地で安息日を過ごしたことがある。その時、面白い経験をした。ホテルでの出来事だったが、２台並んでいるエレベーターの片方に、安息日になると「シャバット・エレベーター」という札が付けられた。シャバットは「安息日」を意味するヘブライ語だが、そのエレベーターはボタンを押さなくても必ず各階に止まり、ドアが開くように自動設定されていた。つまり、ボタンを押すことも「労働」と見なされるので、ユダヤ教徒はこちらのエレベーターに乗り、各階止まりのエレベーターでゆっくり目的階に行くのである。もちろん、もう片方のエレベーターはいつも通り行きたい階のボタンを押せるようになっているから、わたしたちはそちらの方に乗ればよい。

こういう経験をした時、わたしは万が一の場合、彼らはどうするのだろうかとふと考えた。安息日にホテルの最上階で火災が起こったら、それでも彼らは各階止まりのエレベーターでゆっくり下りて来るのだろうか。緊急事態でも、彼らは粛々《しゅくしゅく》と安息日の規定に従い続けるのだろうか。このわたしの疑問に対するイエスの答えはこうだ。

「ダビデが、自分も供《とも》の者たちも、食べ物がなくて空腹だったときに何をしたか、一度も読んだことがないのか……供《そな》えの

パンを食べ、一緒にいた者たちにも与えたではないか」（25、26節）。「供えのパン」とは、聖所のテーブルに並べられた、神との交わりを象徴する一二個のパンのことで、通常は誰も食べることが出来ない。しかし、イエスが引き合いに出されたように、緊急時あるいは生活困難者や貧しい旅人の空腹を満たすためなど、人命に関わるような出来事が生じた場合、律法の細かい規定などよりも人命の方が優先されるのである。

そして、イエスはさらに踏み込んでこうも言われた。「安息日は、人のために定められた。人が安息日のためにあるのではない。だから、人の子は安息日の主でもある」（27、28節）。ここでは、律法に定められているから何が何でも守る、ということではなく、その律法の根底に流れている、人々に対する神の愛をあなたがたも実践しなさい、ということが求められている。

このような状況が起こるのは、遠い昔の律法という縛《しば》りがある国だけの話ではない。わたしたちも、その決まり事をなぜ守らなければならないのか、という考え方を念頭に置くことによって、優先しなければならないこと、一番大切なことは何であるのか、ということがおのずと見えてくる。

資料

《資料1》

ヒュー・ハドソン（監督）映画『炎のランナー』（イギリス、1981年）

オリンピックの予選が日曜日（安息日）に当たるため、敬虔なクリスチャンであるエリック・リデル選手が棄権し、他の種目で出場する実話に基づく物語。

《資料2》

ジュビリー2000（Jubilee 2000）

旧約聖書レビ記25章には、「安息の年とヨベルの年」が記されている。安息の年7年を7倍した年の次の50年＝「ヨベルの年」には、全住民が債務や奴隷状態から解放され、主の前に平等に立ち帰るとされている。このヨベルをラテン語に変えた言葉がジュビリーであり、西暦2000年をヨベルの年として、最貧国の債務を帳消しにすることを求めた運動である。実際に、英国政府は率先して債務を帳消しにし、他国にも呼びかけた。世界の団体は、引き続きこの運動を続けている。

安息日に入る各地の時間を示す現地の新聞

Shabbat Times – Tetzaveh		
	Candlelighting	Motze Shabbat
Jerusalem	4:52	6:09
Tel Aviv	5:12	6:11
Haifa	5:02	6:10
Beer Sheva	5:04	6:11

Active Learning アクティブラーニング

1 《資料1》にある映画『炎のランナー』を観て、日曜日（安息日）のためにオリンピックを欠場することはおかしいことなのか、考えてみよう。

2 学校のクラブ活動は、「人間として成長するための教育の一環」とされている。しかし、実際には「試合に勝つ」ために長時間の練習が行われている。なぜこのようなことが許されるのか、また、長時間練習を変えるためにはどうしたらよいか、まず自分で考え、次にグループで話し合ってまとめてみよう。

3 「ジュビリー二〇〇〇」は、世界が平等な関係になるために必要という説と、債務を返済しないのは貸借の関係がおかしくなるという説があるが、どのように考えるか、自分で考え、その後、皆で話し合ってみよう。

聖書はみだしコラム

「安息日が終わると、マグダラのマリア、ヤコブの母マリア、サロメは、イエスに油を塗りに行くために香料を買った。

▶非常時は女性の方が強いのか!? 男の弟子たちはどこへ行った？

メッセージ 05

「愛してる」って、簡単に言わないでよ

マルコによる福音書　一二章三三節

「『心を尽くし、知恵を尽くし、力を尽くして神を愛し、また隣人《りんじん》を自分のように愛する』ということは、どんな焼き尽くす献げ物やいけにえよりも優れています。」

解説

「愛」という言葉が巷《ちまた》にあふれ返っている。それは、誰もが愛を求めていることの現われだろう。ストレスや不安が増す一方の現代社会にあって、人々はますます愛を必要としている。

ある作家が現代社会を痛烈に風刺する目的で出した『現代語裏辞典』（筒井康隆著）という本がある。その中で、「愛」という言葉は次のように定義されている。「すべて自分に向ける感情。他へはお裾《すそ》分け」。これは、世の中にあふれている愛の姿を的確に映しているように思う。

この世にあふれている愛の多くは、自己中心的な思いの上に成り立っている。相手が自分にとって価値があり、自分を喜ばせてくれる存在だからこそわたしたちは相手を愛する。だから、もし相手にそのような価値を見出せなくなったら、途端に愛は冷めてしまう。このような愛しか知らなければ、人はいつまでも本当の心の平安を得ることができないだろう。

聖書に一人の律法学者が登場する。彼は、それまでイエスが人々との間で繰《く》り広げてきた問答において、どれに対しても見事に答えられるのを見て、思わず群衆をかき分け、イエスの前に進み出ていった。この方は、自分の問いにどう答えるか強い関心を抱《いだ》いたのだろう。

彼は、イエスに対して大変シンプルな問いを投げかけた。「あらゆる掟《おきて》のうちで、どれが第一でしょうか」。当時のユダヤには、全部で600以上律法の戒めがあったと言われている。しかし、彼は律法の専門家として、これほど多くの掟の中でもこれが重要だと考えているものが当然あったはずだ。

イエスの答えはこうだった。「第一の掟は、これである。『イスラエルよ、聞け、わたしたちの神である主は、唯一の主である。心を尽くし、精神を尽くし、思いを尽くし、力を尽くして、あなたの神である主を愛しなさい。』第二の掟は、これである。『隣人を自分のように愛しなさい。』この二つにまさる掟はほか

にない」（29〜31節）。

ここでイエスが第一に挙げられた掟は、実は当時ユダヤの成人男子が毎日暗唱していた、誰もが知っている有名なものだった。ところが、彼はこの答えを聞いて、「先生、おっしゃる通りです」とほめたたえた。律法のことはよく知っていた彼も、「愛」ということの大切さを忘れていたことに気付かされたのかもしれない。

しかし、イエスはここで、「神を愛すること」と「隣人を愛すること」の二つの掟を示された。律法学者は、「どれが第一か」と問いかけたにもかかわらず、イエスが二つを挙げられたということは、この二つの「愛」が切り離せないものであることを示している。

わたしたちが持っている愛は、「すべて自分に向ける感情。他へはお裾分け」のようなものかもしれない。しかし、そんなわたしたちのためにイエスは十字架におかかりになった。

イエスは、このように言われているのではないだろうか。「あなたがた一人ひとりには、このような神の無限の愛が溢《あふ》れるほどに注がれている。だから、あなたがたもその愛の溢れを隣人に向けることが出来るはずだ」と。キリストの十字架によって示された神の愛がわたしたちに惜《お》しみなく注がれていることを知った時、わたしたちは神を愛し、また隣人を愛する者として成長させられていくのではないだろうか。

資料

《資料1》

『一語の辞典』シリーズ（三省堂）より
柳父 章『愛』（2001年）

［愛］………アイ。いつくしむ。このむ。『漢和大辞典』1903（明治36）年
あい［愛］…めづること。慕ふこと。博愛。『広辞林』1925（大正14）年
あい［愛］… あたたかい気持ち。愛情。『三省堂国語辞典』1960（昭和35）年
Love………愛情；好意；神の慈愛、慈悲；（神への）敬愛：思いやり；
『グランドコンサイス英和辞典』2001（平成13）年

《資料2》

李《イ》 仁《イン》夏《ハ》『自分を愛するように――「生活の座」から、み言に聞く』（日本キリスト教団出版局、1991年）

日本社会で差別を受ける中で、神の言「自分を愛するように」と、かけがえのない存在として愛しておられる神と出会い、自己卑下《ひげ》から自己肯定へと変えられた在日韓国人の生き様を示す。

《資料3》

エリック・マーシャル（編）、谷川俊太郎（訳）『かみさまへのてがみ』（サンリオ、1994年）

「かみさま　このまえの　しゅう、あめがみっかも　ふりつづきました。ノアのはこぶねみたいになるかと　おもったけど、そうじゃなかったので　あんしんしました。だってあなたはノアのはこぶねには、なんでも　二ひきずつしか　いれなかったでしょ。うちには　ねこが　三びき　いるんですもの。　じゃあね。ドナより」

Active Learning アクティブラーニング

1　「愛」に関する聖句のどれが一番好きな聖句か、それはどのような理由によるのかを書いてみよう。

2　各自で「愛」という言葉を別の言葉に置き換えるとどういうものがあるか、まず自分で考え、次に皆で出し合ってみよう。

3　「自分を愛することができない」ときは、どんなときなのだろうか、また、そのようなときにはどうしたらよいだろうか、話し合ってみよう。

聖書はみだしコラム

「ある人が盛大な宴会を催そうとして、大勢の人を招き、宴会の時刻になったので、僕を送り、招いておいた人々に、
▶わたしなら豪勢な食事をごちそうになりに「いの一番」で駆けつけるけどなあ……。

メッセージ
06

捨てられるイエス、見つけられるわたし

マルコによる福音書　一五章三四節

イエスは大声で叫ばれた。「エロイ、エロイ、レマ、サバクタニ。」これは、「わが神、わが神、なぜわたしをお見捨てになったのですか」という意味である。

解説

迷子になったことのある人は記憶の片隅に感覚が残っているのではないかと思うが、小さい子どもにとって迷子になることほど孤独な経験はない。遊園地やデパートなどで時折、親からはぐれた子どもが泣きじゃくっているのを見かけることがある。こういう時、子どもはどうして泣くのだろうか。迷子の原因は、たいてい親はいつも自分のことを見ていてくれるという信頼のもと、子どもが勝手に動き回るところにある。その挙句《あげく》、迷子になっているにもかかわらず、「自分は親から見捨てられた」と感じるから子どもは泣くのだ。

しかし、たいていは係員などに優しく声を掛けられ、安全な場所で待機している間に呼び出しの館内放送が行われて親との再会を果たすことになる。そうやって迷子になっても、自分は見捨てられたと思っても、自分のことを心配し、探し求めてくれる存在がいるということは、子どもの心に何よりも大きな平安をもたらす。

イエスは、十字架の上で七つの言葉を語ったとされるが、マルコが伝えているのは「エロイ、エロイ、レマ、サバクタニ」（わが神、わが神、なぜわたしをお見捨てになったのですか）という言葉である（34節）。

この言葉には、いったいどんな意味が込められていたのだろうか。イエスは神の子であり、そもそも十字架につけられる必要など全くないお方《かた》であった。そのイエスがすべての人の罪をたった一人で担い、神の徹底的な怒りと裁きを一身に引き受け、神に捨てられ、死のどん底にまで突き落とされるという、完全な孤独の中の死を経験された。

イエスにとってこれは親から見捨てられた、これ以上ない悲劇的状況であり、この言葉はその心境を言い表す悲痛な叫びだった。

神は一見、「わが神、わが神」と祈るイエスを見捨てた無情な

存在のように映る。しかし、その神に対して、イエスは最後まで信頼を失わず、「わたしの神よ」と祈り続けた。神は、このように最後まで御自分を信頼し、罪を犯すことなく、すべてを神に委ねて死んでいったイエスに復活の命を与えられた。

イエスが息を引き取った午後三時に、神殿の垂れ幕が上から下まで真っ二つに裂けるという出来事が起きた（38節）。それは、ちょうどその時行われていた過越《すぎこし》祭で犠牲の小羊が献げられる時刻だった。神殿の幕とは、聖所と至聖所《しせいじょ》を分ける仕切りのことで、この幕を通り抜けて一番奥の至聖所まで入り、神に近づくことが出来るのは、年に一度、それも大祭司一人だけと決められていた。

つまりこの出来事によって、イエスは全人類の身代わりとしてただ一人の「大祭司」となり、一対一で神と向き合って、すべての人間の罪の赦《ゆる》しを受け取るという何よりも大きな働きを成し遂げたのである。

さらに、この神殿の幕が上から下まで真っ二つに裂けたことは、創造の初めに与えられていた、神と人間とが自由に交わる関係が回復されたということを意味していた。

父なる神と子なる神イエス・キリストが真正面から向き合う十字架の出来事によって、すべての人間の罪からの解放、そして神と人間との本来あるべき関係の回復ということが完全な形で成し遂げられたのである。

資料

《資料１》

遠藤周作『沈黙』（新潮社、1981年）

島原の乱収束後、イエズス会の司祭が逮捕され、自らの信仰を守るか、棄教によって拷問を受けている他の信者を救うか迫られる。踏み絵の銅版に、同じ痛さを分かち苦しむ十字架のイエスの姿を見る。

《資料２》

水野源三『わが恵み汝《なんじ》に足れり――水野源三第一詩集』（アシュラム・センター、1975年）

「十字架の愛
　主イエスが歩まれた道は
　昔も今も誰も歩いたことがない
　主イエスが歩まれた道は
　私を誠の道へ導くため
　歩まれた十字架の道」

《資料３》

星野富弘『四季抄　風の旅』（立風書房、1982年）

「わたしは傷を負っている
でも　その傷のところから
あなたのやさしさがしみてくる」

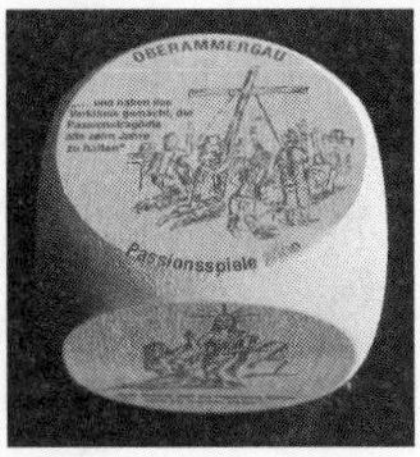

《資料４》

オーバーアマガウの受難劇の記念品

ドイツ南部の村人の半数が参加するキリストの受難劇を記念する置き物

アクティブラーニング

Active Learning

1　水野源三の作った曲「十字架の愛」を聴き、星野富弘の詩を読んで、彼らの伝えたいことは何かを出し合ってみよう。

2　イエスは十字架上でなぜ「エロイ、エロイ、レマ、サバクタニ」（マルコによる福音書一五章三四節）と叫んだのか、遠藤周作『沈黙』を読み、自分で考え、次に、皆で話し合ってみよう。

3　日本語では「十字架を負う」という言葉が定着しているが、聖書の示すキリストの十字架と同じなのか、異なるのかを個人で考えて、皆で話し合ってみよう。

聖書はみだしコラム

「父よ、彼らをお赦しください。自分が何をしているのか知らないのです。」（ルカによる福音書23:34）

▶自分のしていることがわからない、そういう人たくさんいるよね。

メッセージ 07

見てみぬふりする

ルカによる福音書　一〇章三三――三四節

旅をしていたあるサマリア人は、そばに来ると、その人を見て憐《あわ》れに思い、近寄って傷に油とぶどう酒を注ぎ、包帯をして、自分のろばに乗せ、宿屋に連れて行って介抱《かいほう》した。

解説

「何をしたら、永遠の命を受け継ぐことができるでしょうか」。ある律法の専門家がイエスに尋ねた。「永遠の命」とは、神が共にいてくださる恵みと祝福を表す独特の用語で、彼はそれを手に入れるためにどうしたらよいかと問いかけたのだ。それは言い換えれば、「人間はどうしたら本当の幸せを手に入れられるか」という質問だったのだ。

このように問われたイエスは、「あなたは律法の専門家として、どのように考えるのか」と問い返した。すると彼は、「神を愛することと隣人を愛することです」と、いわゆる優等生の答えを出した。それは確かに正解ではあったが、イエスは頭でわかっていても行動に移せない彼の姿を見抜いて、「正しい答えだ。それを実行しなさい」と言われた。そこで彼は自己弁護しようとして、「では、わたしの隣人とは誰ですか」とさらに問いかけた。

「善いサマリア人」の話は、そのような状況の中で語られた。30節にある、「エルサレムからエリコへ下って行く」道のりというのは上り下りが繰《く》り返す、とても険《けわ》しい渓谷《けいこく》地帯だ。決して歩きやすい道ではなく、曲がりくねった崖《がけ》っぷちの細道が続き、足を踏み外せば崖下に落ちてしまうような危険なところだった。

そんな道の傍《かたわ》らに血だらけになって倒れている旅人がいた。彼は、追いはぎからひどい暴力を受け半殺しの状態にされて、身ぐるみ剥《は》がれてしまったのだ。そんな彼のそばを礼拝帰りの祭司が、次に同じく礼拝の奉仕をしてきたレビ人が通りかかったが、彼らは揃《そろ》いも揃って「その人を見ると、道の向こう側を通って」行った。これは明らかに不自然な行動だ。狭い道だから、彼らは倒れていた旅人に気づかなかったわけではない。その人をわざと避けて通り過ぎたのだ。そんな態度からも、彼らが形ばかりの礼拝をささげ、神の言葉が心の隅々にまで届いて

も一緒だった。……そのほか多くの婦人たちも一緒であった。彼女たちは、自分の持ち物を出し合って、一行に奉仕していた。」

いなかったことが垣間《かいま》見えてくる。

三人目に通りかかったのはサマリア人だった。当時、ユダヤ人とサマリア人の関係は交流するどころか、話しかけることもしないほど険悪な状態だった。

ところが、サマリア人は倒れている人を見ると、普段の民族的な不和など忘れて必死で助け、お金や労力を惜しまず徹底的に介抱した。彼は自分にできる最善のことをしたのだ。

民族的にも、生活習慣的にも、そして立場的にも、倒れている人の「隣人」は明らかに祭司であり、レビ人だったはずだ。逆にサマリア人は、常識的に考えた場合、三人の中で最も遠い存在だった。しかし、その最も遠い存在だったはずのサマリア人が、実際には倒れている人の隣人になったのである。

わたしたちは、身近なところで人が倒れていたらどうするだろうか。確かに、そのような時、咄嗟《とっさ》にどうしたらよいかわからなくなると思う。しかし、少なくとも「見て見ぬふりをする」ような人間にはなりたくない。

隣人に徹底的に寄り添うということを、イエスは十字架にかかることによってはっきりと示された。このお方《かた》は、罪がないにもかかわらず、すべての人間を救うためにご自分の命までも徹底的にささげてくださったのである。わたしたちは、このように大きな愛を受けて生かされている。それは、その愛を隣人に対して向けて生きるためだと、聖書は教えている。

資料

《資料1》

トルストイ「愛あるところに神あり」

▶『トルストイ民話集 人はなんで生きるか 他四篇』(岩波書店、1965年)より

靴屋のマルツィンを通して、キリストと出会うとはどういうことなのかを示した物語。

《資料2》

やなせたかし『アンパンマンの遺書』(岩波書店、1995年)

「逆転しない正義とは献身と愛だ。それも決して大げさなことではなく、眼の前で餓死しそうな人がいるとすれば、その人に一片のパンを与えること。」

《資料3》

新大久保駅の顕彰《けんしょう》プレート

2001年1月、線路に転落した男性を助けようとして、線路に飛び降りた日本人のカメラマンと韓国人留学生が死亡。その献身的姿勢を追悼・顕彰するプレートが、新大久保駅の階段踊り場に設置されている。

フィンセント・ファン・ゴッホ
《善きサマリア人》
1890年、クレラー=ミュラー美術館蔵

アクティブラーニング

1 ルカによる福音書一〇章二五節以下の「善いサマリア人」の文章を読んで、自分はその中のどの人物にあたると考えるか、その理由も含めてまず自分で考え、次に皆で話し合ってみよう。

2 この物語を基にして、「あなたの隣人はだれですか?」という四コマ漫画を描いてみよう。

3 当時、サマリア人とユダヤ人は仲が良くなかったといわれているが、現代のわたしたちの周りで「善いサマリア人」のような人がいるのか、皆で調べて話し合ってみよう。

聖書はみだしコラム

「すぐその後、イエスは神の国を宣べ伝え、その福音を告げ知らせながら、町や村を巡って旅を続けられた。十二人(ルカによる福音書8:1-3) ▶12弟子だけではなかった。マグダラのマリア、ヨハナ、スサンナなど女性たちも忘れないで。

メッセージ

08

あなた、迷ってない？

言っておくが、このように、悔い改める一人の罪人については、悔い改める必要のない九十九人の正しい人についてよりも大きな喜びが天にある。

ルカによる福音書　一五章七節

解説

羊飼いにとって、百匹というのは単なる数ではなく、一匹一匹の声も性質もわかっている、かけがえのない存在である。だから、九十九匹が残っているので、「一匹ぐらいどうなってもよい」ということには絶対にならない。

これは、神とすべての人間との関係がそのようなものであるということを示すために語られたイエス・キリストによるたとえ話である。

ここで注目したい言葉は、「見つけ出すまで」という一句である。これは、「どこまでも徹底的に捜《さが》す」という強い意味を持った言葉だ。隅々まで一生懸命捜したのに見つからなかったとしても、決してあきらめずに捜し続けるという姿勢がここに示されている。

羊飼いは、見失った羊を捜すため羊の歩いた跡をたどっていくが、それは草原のような場所だけではない。わたしたちは、羊がいる場所を想像する時、のどかな牧場のようなところを思い浮かべるのではないだろうか。

しかし、聖書の舞台において、羊飼いが羊の跡をたどって歩くのは、岩がゴツゴツしているところや藪《やぶ》のようになっているところばかりである。だから、羊は迷って歩き回るうちに、そのような藪に入り込み、引っかかって体が傷ついてしまうかもしれない。そして、そのような場所を捜し回る羊飼いもまた、同じように傷を受けるかもしれない。また、羊が岩場から足を滑《すべ》らせて下に落ちてしまったかもしれないから、羊を徹底的に捜す羊飼いは岩場を伝って下まで降りていくということもするだろう。

そのようにして懸命に捜すのだから、羊を見つけたら大喜びするのは当然のことである。五節以下には、そのように喜ぶ羊飼いの様子が記されている。

「見つけたら、喜んでその羊を担《かつ》いで、家に帰り、友達や近所の人々を呼び集めて、『見失った羊を見つけたので、一緒に喜んでください』と言うであろう」。

この羊飼いの言葉は、もう少し丁寧《ていねい》に直訳すると、「（わたしが）見失った（わたしの）羊を見つけたので、一緒に喜んでく

穴を掘り、主人の金を隠しておいた。」（マタイによる福音書25:14-18）

ださい」となり、そうするとこの箇所が伝えようとしている大切なことがよりはっきりと見えてくる。

迷子の羊自身は、迷ったことすらわかっていないのかもしれない。しかし、自分の羊がいなくなったことは、羊飼いにとっては一大事である。だからこそ、羊飼いは必死で捜し回り、やっとの思いで見つけ出したならば、そのことを大いに喜び、近しい人たちを呼び集めて、その喜びを共に分かち合おうとするのである。このたとえ話において、羊飼いは神であり、羊はわたしたち人間を表している。

わたしたちは、実は抜け出すことができない岩場や出口の見えない藪の中に迷い込んでいる状態なのかもしれない。人生において、自分自身がどこを歩いているのかはっきりとわかっている人は誰もいないのではないだろうか。迷っている人は、自分がどこにいるかわからなくなって初めて自分が迷っていることに気付く。

その時、迷った人は突然不安に覆《おお》われ、自分が今いる場所がどこであるかをちゃんと把握し、自分がどちらに向かって進めばよいかを知っている人の存在を求める。その存在こそ、本当の羊飼いである。本当の羊飼いは、迷っているわたしたちにはわからない今の状況をしっかり把握し、そこから確実に導き出してくれるのである。

＊クロスリファレンス　旧約11もあわせて見てみよう

資料

《資料1》

石井亮一の実践

石井が立教女学校で教えていた1891年、濃尾地方を大地震が襲った。被害にあった家庭の女子が身売りされているとの悲惨な話を聞き、二十数名の女の孤児を引き取り、聖三一孤女学院を開設した。孤女学院は滝乃川学園と改称され、孤児の中に知的障がいの児童がいたことから、同学園を日本最初の知的障がい児教育施設として育て上げた。

《資料2》

青木佐代子「アマゾンの名前のない子どもたち」

▶『世界がもし100の村だったら―4　子ども編』（マガジンハウス、2006年）より

アマゾン・ジャングルの奥深くには、同じペルー人からも忘れられた子どもたちがいる。名前がなく、出生届も出されていない。なぜ出生届が出されないのかというと、書類を作る役人がいる村まで行くのに大変お金がかかるのと、1歳になる前に命を失う子どもがとても多いからである。しかし、出生届がなければ、予防接種や学校に通うという公的サービスを受けることができない。

イスラエル死海の近くの荒れ野で生きる羊たち

Active Learning

アクティブラーニング

1　この聖書の場面を四コマ漫画で描いてみよう。その際に、羊にも一匹一匹に名前をつけて描いてみよう。何か、感ずることがあるだろうか。

2　このたとえ話は、自分を羊飼い、九十九匹の羊、一匹の羊のどこに置くかによって、解釈は異なってくる。それぞれの立場からの考えを出し合ってみよう。

3　「九十九匹の羊」と「一匹の羊」のどちらを大切にするのかという対立した価値観にとらわれがちであるが、そもそも対立するものなのかを話し合ってみよう。

聖書はみだしコラム

「ある人が旅行に出かけるとき、僕たちを呼んで、自分の財産を預けた。……1タラントン預かった者は、出て行って

▶1タラントンは、約5千万円らしい。埋めるくらいなら持ち逃げしたい!?

メッセージ
09

だれかのせいじゃなく

「この人が生まれつき目が見えないのは、だれが罪を犯したからですか。本人ですか。それとも、両親ですか。」

ヨハネによる福音書　九章二節

解説

聖書の時代には、身体の障がいもけがれと見なされ、それは人間の犯した罪に対する報《むく》いと考えられていた。どの民族の宗教意識の中にも、行いに応じて報いがあるという観念が潜《ひそ》んでいると言われるが、ユダヤの人々の中にもこのような意識が根付いていた。それゆえ、身体に障がいを持っている人は大変つらい境遇にあった。生きていくすべが、物乞《ものご》いのようなことをするしかない、その境遇が悲惨《ひさん》だというだけでなく、宗教的に汚れた存在として扱われ、軽蔑《けいべつ》され、共同体の外に置かれていたからである。

生まれつき目の見えない人を見かけた弟子たちがイエスに対して、「この人が生まれつき目が見えないのは、だれが罪を犯したからですか。本人ですか。それとも、両親ですか」という質問をしたのは、同情からではなく、助けようのない悲惨な姿を前にしてたたずみ、この人をさげすむ思いを持ったからかもしれない。

この問いに対して、イエスは次のように答えられた。「本人が罪を犯したからでも、両親が罪を犯したからでもない。神の業《わざ》がこの人に現れるためである」。イエスの眼差《まなざ》しは、他の誰の視線とも、明らかに異なっていた。イエスは、この人の上に神の業が現れることを見ておられたのだ。そして、それは弟子たちの問いの前提となっている行いに応じた報いの観念を覆《くつがえ》した。

皆さんは水野源三さんを知っているだろうか。長野県で生まれ育った源三さんは、幼い頃の病が原因で脳性麻痺《まひ》を患い、言葉を発することができなくなった。そのことによるショックで、両親は占いに頼ったり、先祖のたたりや家の方角を気にしたりと、様々な不安にさいなまれた。しかし、源三さんは一二歳のとき、自分のもとに訪れた牧師から手渡された聖書を開き、そこに書かれた言葉を独自の仕方で学ぶ道に入っていった。そして、源三さんは信仰へと導かれ、一三歳で洗礼を受けるに至る。

それからの源三さんは、自分の信仰を詩によって表現するようになっていく。言葉を発することの出来ない彼は、五十音図に書かれた文字を、母親が順番にゆっくり指差し、該当《がいとう》する文字を源三さんがまばたきで指定するというやり方で詩を認《したた》めていった。そのため、彼は「まばたきの詩人」と呼ばれている。

たちに言われた。『このような物はここから運び出せ。わたしの父の家を商売の家としてはならない。』」（ヨハネによる福音書 2:15-16）

源三さんの詩の一つを紹介したい。

「たくさんの星の中の一つなる地球
たくさんの国の中の一つなる日本
たくさんの町の中の一つなるこの町
たくさんの人間の中の一人なる我を
御神《みかみ》が愛し救い
悲しみから喜びへ移したもう」

源三さんと母うめじさん

聖書に登場した盲人は、イエスによっていやされ、目が見えるようになった後、大勢の人々から、まさにそのいやしの出来事を巡《めぐ》ってどつき回されるような経験をする。みんな、そのような奇跡を受け入れられなかっただけでなく、あのイエスという男が神の働きをしているということを受け入れられなかったのだ。ただ一人の、目をいやされた人が自分の身に起こった出来事を、ありのままに語ることによって、人々の間に大きな動揺が走った。そして、彼が語れば語るほど、その動揺はますます広がっていった。

このようにして、イエスが言われた「神の業がこの人に現れるためである」という言葉は実現していくのである。

＊クロスリファレンス　旧約10・新約16もあわせて見てみよう

資料

《資料１》

小暮修也『望みの朝を待つときに──共に生きる世界を（21世紀ブックレット）』（いのちのことば社、2004年）

「この施設には、重い障がいを持つフィリピン人の子どもがいます。……この重い障がいをもった子は何もできないのではなくて、私たちの心をつなぐ働きをしたのです。」

《資料２》

大森隆碩《りゅうせき》の働き

ヘボン塾で医学を研修し、『和英語林集成』の編纂《へんさん》にも協力した医師。越後高田で眼科医になり、「私立訓盲学校」を設立。大森は「ああ、視官その効を奏するあたわざるも、心事必ずしも盲せず」との言葉を伝えた。

《資料３》

ナチス・ドイツの「優生思想」

ナチス・ドイツは「優生思想」により、障がい者や難病の患者を〝生きるに値しない生命〟として抹殺した。1939～41年までに約７万人の障がい者が犠牲になったと言われる。

《資料４》

やまゆり園事件

2016年、神奈川県相模原市の知的障がい者施設「県立 津久井やまゆり園」の入所者19人が殺害され、26人が負傷した事件。加害者は元職員で「障がい者を生かすために莫大《ばくだい》な費用がかかる。意思疎通できない人は安楽死させるべきだ」と主張していたという。

Active Learning アクティブラーニング

1 資料を読み、強さよりも弱さが人を助け、豊かにすることが他にあるだろうか、考えてみよう。

2 イエスの時代だけでなく、日本でも障がいを持つ人は先祖や血筋に罪があったからだと考えられていた。イエスの病への視点は、ナチスの優生思想や障がい者への差別思想とは正反対であるが、どこが異なるのか、まず自分で考え、次にグループで考えて話し合ってみよう。

3 ナチス・ドイツの「優生思想」や、やまゆり園事件の加害者のような主張は、現代でもみられる。身内や自分が障がい者であったなら同じように考えるのか、意見を出し合ってみよう。

聖書はみだしコラム

「イエスは縄で鞭を作り、羊や牛をすべて境内から追い出し、両替人の金をまき散らし、その台を倒し、鳩を売る者

▶一回くらいこんなことやってみたい……。

メッセージ 10

つながってるってどういうこと？

ヨハネによる福音書　一五章五節

「わたしはぶどうの木、あなたがたはその枝である。人がわたしにつながっており、わたしもその人につながっていれば、その人は豊かに実を結ぶ。」

解説

　地中に根を張らず、水に浮いている草のことを「浮き草」とか「根無し草」と呼ぶ。そのような生態から根無し草という言葉は、「定まらない物事や、確かなよりどころのない生活」のたとえとして使われる。

　根無し草というのは、文字通り「根」がないので、生存し続ける保障はどこにもない。水の上に浮いているからいつでも水分を吸収できると思っても、かんかん照りの日差しに照らされ水そのものがなくなって干からびてしまうかもしれない。また、漂《ただよ》っているうち何かに引っかかり、水と接触しない状態になって枯れてしまうということだってあるかもしれない。これが根を張っていない植物の宿命だ。そのようにどこにも確かなよりどころがない生き方というのは、大変不安なものだと思う。

　この聖句に書かれていることも、「根無し草」のイメージと少し重なるところがある。ぶどうの実というのは、とても不思議な付き方をしている。一本の太い木から四方八方に広がったたくさんの枝の先にぶどうの実は実る。枝は、たった一本の木から網の目のように生え広がり、幹から枝々に栄養分が送られて、その先に実を付けるのだ。

　ぶどう狩りに行くと時々、木の幹から折れてしまった枝の先に干からびたぶどうの実を見つけることがある。大地に根を張り、そこから栄養分を吸収している木の幹から離れてしまえば、栄養の供給を受けられなくなるから、そのように枯れてしまうのは当然のことだ。

　イエスは、「わたしがぶどうの木の幹であって、あなたがたはその枝である」と言われた。この「ぶどうの木」のたとえによって、イエスとわたしたちの関係性が表現されている。

　そもそもヨハネによる福音書は、冒頭の1章でイエス・キリストとはどのようなお方《かた》であり、何のためこの世に来られたかということを記している。「初めに言《ことば》があった。言は神と共にあった。言は神であった。この言は、初めに神と共にあった。万物は言によって成った。成ったもので、言によらずに成ったものは何一つなかった。言の内に命があった。命は人間を照らす光であった」（1・1〜4）。「言は肉となって、わたしたちの間に宿られた。わたしたちはその栄光を見た。それは父の独《ひと》り子

眠っていた。……再び戻って御覧になると、弟子たちは眠っていた。……それから、弟子たちのところに戻って来て言われた。

としての栄光であって、恵みと真理とに満ちていた」（1・14）。

聖書は、イエス・キリストが神の言葉であり、その言葉の中に命の源があると言っている。その神の言葉がすべての人間を照らす命の光であるというのだ。

その言葉とは、イエス・キリストの「十字架」、そして「復活」という出来事において示された出来事を指している。この十字架によって、「死」は人間だけのものではなく、神が深く関わってくださる問題となった。十字架は「死」そのものだが、その死において新しい命を生み出す「復活」という神の働きが示された。

そのイエス・キリストが、「わたしはぶどうの木、あなたがたはその枝である」と、わたしたち一人ひとりに向かって呼び掛けられる。命そのものであるイエス・キリストが、決して見捨てることなく、いつも共にいてわたしたちの命の源となることを約束してくださった。何よりも確かな命の源であるお方とつながり、与えられた命を輝かせながら歩んでいくことによって、わたしたちは豊かな実を結ぶ者とされるのだ。

＊クロスリファレンス　旧約12もあわせて見てみよう

資料

《資料 1》

坪井節子『子どもたちに寄り添う』（いのちのことば社、2007年）

「私は、ぶどうの木から離れよう、逃げようとしていました。けれどもぶどうの木はぎりぎりのところまでつながろうとしてくださっていた。そして農夫は、なんとか持ちこたえさせようと手入れをしていてくださっていた。長い年月、自分ではまったく気づかないまま、枝はぶどうの木につながれていたのです。その奇跡を今、深く新たに感じ、かみしめています。…私ひとりでは何もできません。この世界で苦しむ子どもたちに、何もしてあげることができません。でも、イエス・キリストにつながっている枝として命を送られ、ことばを送られているかぎり、神さまは私を用いて、なすべきことを、なさしめてくださるのだと。そうしていただきたいと心から願っています。」

《資料 2》

奥田知志「その日、あなたはどこに帰るか?」

▶『灯を輝かし、闇を照らす』（明治学院150周年委員会編、いのちのことば社、2014年）より

奥田知志牧師は、路上生活者を助けながら、ハウスはあっても居場所のないホームレスはどこにでもいることを指摘し、「助けて」と声を上げることを訴える。
「私はハウスレスではありませんが、ホームレスかもしれません。私は自分から親を遠ざけ、友達も作っていないのかもしれません。これからは本当の自分と向き合って、今のホームレス状態を脱出することを試みます。今までの私は人に『助けて』ということをためらい、ひとりで苦しんできました。しかし、奥田先生の話を聞いて、人を頼ってもいい！それがサルから人への進化だと分かり救われました。」（明治学院高校生の応答）

アクティブラーニング

1 実際に、ぶどう園に行ってみよう。そして、その実のなり方の違いについて調べてみよう。

2 《資料2》によれば、「ホームレス」と「ハウスレス」とは異なるという。「ホームレス」とはどのような状態なのか、そしてそれは自分でもそのようなことがあるのかを考えてみよう。

3 「自分は一人だ」「自分は孤独だ」と感じられるとき、それを抜け出すにはどうしたらよいか、まず自分で考え、次に皆で話し合ってみよう。

聖書はみだしコラム

「イエスは言われた。『わたしと共に目を覚ましていなさい。』……弟子たちのところへ戻って御覧になると、彼らは『あなたがたはまだ眠っている。』」（マタイによる福音書26:36以下）　▶おい弟子たちっ！いくらなんでも寝過ぎと違うか!?

メッセージ 11

いい風、吹いて来た

使徒言行録 二章一 ― 四節

五旬祭の日が来て、一同が一つになって集まっていると、突然、激しい風が吹いてくるような音が天から聞こえ、彼らが座っていた家中に響いた。そして、炎のような舌が分かれ分かれに現れ、一人一人の上にとどまった。すると、一同は聖霊に満たされ、〝霊〟が語らせるままに、ほかの国々の言葉で話しだした。

解説

旧約聖書・新約聖書を通じて、聖霊は神の御業《みわざ》の中心として働く。主イエスに限って見ても、彼の誕生、宣教開始（洗礼）、教えや奇跡の業、十字架の最後において、そして復活の出来事において、聖霊がその働きの中心である。

イエス以後、教会の働きの中でも、右の聖句にあるように、聖霊が中心となって働く。教会を形成し（聖霊降臨の出来事）、イエスの教えと業《わざ》を継承させ、人々を信仰に導き、祈りの導き手となり、教会を一つにし、新しい時代を作り出し、歴史的決断をさせる源となっている。

以上のように、聖霊がキリスト教とキリスト教会における真実の源泉と言えるのだが、しかしそのことはないがしろにされがちである。それは、イエスが聖霊を「風」として語るように、目に見えないものであり、聖霊の働きもまた、具体的人間の言葉や行動、その意思決定として現れ、わたしたちが知るのは、多くはそれだけであるからである。

例えるなら、優秀なコーチの指導によって格段の進歩を遂《と》げたスポーツ選手に似ている。周囲の人々は選手の優秀なプレイとその上達ぶりに目を見張る。しかし選手のプレイの背後にある、コーチの熱心な指導と選手のコーチへの信頼に基づく真摯《しんし》な努力を見ない。しかし選手のプレイの中に、選手由来ではない何かがあることを、わたしたちは感じることができる。同じように、わたしたちは聖書の言葉を通して、歴史的な教会の歩みの背後に聖霊の働きがあることを感じるようにと、うながされている。

右記の聖句においても、聖霊の働きは目に見える現象としては、エルサレムにいた弟子たちが「他の国々の言葉で話し出した」出来事である。5節以下を読み進めると、弟子たちが実に多くの言語で「神の偉大な業《わざ》」を語ったことがうかがえる。ここでは10―11節に「ローマからの者、ユダヤ人、改宗者、クレタ（島）、アラビア（砂漠）の者」とあることに注目したい。単なる言語の種類を言うのではなく、社会的な立場（ローマという帝国の首都から来た者）や文化的な立場（生まれながらのユダヤ人とユダヤ教へ改宗した者）の違い、生活の場（クレタ・すなわち海に生きる者とアラビア・すなわち砂漠の民）の違いを語っている。――イエスの弟子が「海に生きる者」の言葉で語り出す――ここにわたしたちは聖霊の働きを感じたい。

海で生きていない者に海の言葉はない。本で学び、経験者から聞きかじった知識くらいでは、その言葉は「海で生きる者」に通じない。少なくとも「海に生きる者」に対しては、わたしはわたしの立場のままでは何も語れないだろう。語りかける相手の立場へ出て行かなければ、わたしの言葉は相手の言葉になり得ない。

ヘボン博士が日々、日本語を拾い集めて『和英語林集成』を編纂《へんさん》したことは、彼が日本という世界へ飛び込んできた証拠と言えるだろう。

相手の立場へ出て行くことなしには、神の言葉は様々な国の言葉にはなり得ない。聖霊降臨の物語は、弟子たちが様々な人の所へ出て行ったことを証しするものである。そして、出て行った弟子たちが相手の立場に立って生きていった。彼らの生活の中に聖霊が働いている。

＊クロスリファレンス　新約15もあわせて見てみよう

資料

《資料１》

宮田光雄『ホロコースト〈以後〉を生きる――宗教間対話と政治的紛争のはざまで』（岩波書店、2009年）

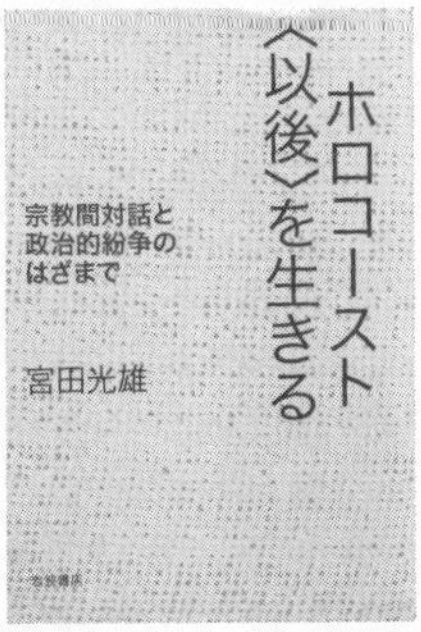

わたしたちが隣人を兄弟として認め合い、隣人と顔と顔とを合わせて、互いによき隣人として生きていく時、その時こそ「夜明け」だということであろう。聖霊の働きを考える上でも、深く教えられる。

《資料２》

山浦玄嗣『イエスの言葉　ケセン語訳』（文春新書、2011年）

標準語では伝わらない、その地の風土に根付いた言葉の数々は、わたしたち東北人ではない人間の心にも語りかけてくる。聖書の言葉に新しく出会うことができる１冊である。

Active Learning アクティブラーニング

「主の祈り」を自分なりに翻訳してみよう

資料は聖書（プリントで「英語訳」も配布）

1　英語訳を参考にしながら自分訳「主の祈り」を作成する。そして「いつ・どこで・なんのために」この祈りをするのか、解説も付ける。

2　可能なら、**【二〇＊＊年流行語】**を使用すること、関西弁にすることなど、いくつかの縛《しば》りを設けて、より親しみ易い「主の祈り」を作成する。

3　主の祈りの「御名《みな》、罪、赦《ゆる》し、誘惑」等、聖書的――神学的用語を各々どのように考え、理解するか、議論する。

聖書はみだしコラム

「今日で十四日もの間、皆さんは不安のうちに全く何も食べずに、過ごしてきました。だから、どうぞ何か食べて

▶２週間断食《だんじき》後のパン、これ絶対美味しいやつ！　どんなパンだったのかなあ。

メッセージ 12

ありのままで

ローマの信徒への手紙　一章一六節

わたしは福音を恥としない。福音は、ユダヤ人をはじめ、ギリシア人にも、信じる者すべてに救いをもたらす神の力だからです。

解説

「ユダヤ人をはじめ、ギリシア人にも」つまり、どんな人にも当てはまり、救いをもたらす神の力。それが「福音」だと、『ローマ書』の著者パウロは言う。しかし同時にその「福音」を「恥としない」とも言う。そう言うからには、「福音」とは、恥ずかしいもの。万人が即座に「すばらしい！」と評価するようなものではない。パウロはそのことをも、よくわきまえている。

ギリシア人の知恵、ユダヤ人のしるし、それらは「合理的な根拠に基づく理性的な判断」と言うことができるだろう。イエス・キリストへの信仰も、何らかの「合理的な根拠」に基づいたものであるなら——例えば、福音が人類の性質を根本的に改善することが各種実験結果によって明らか——であるなら、理性的に確信することができる（わたしたちが普段、気象庁の科学的分析を信頼して、明日の天気予報を信じているように）。しかし、福音とは、そのような「理性的確信」とは異なる、独特の「信仰」が根拠となっているものである。だから万人がそのまま受け入れることができないのだ。

パウロは3章22節で「イエス・キリストを信じることにより、信じる者すべてに与えられる神の義です」と語る。16節の「信じる者すべてに救いをもたらす神の力」を「神の義」と言い換えたような文だが、しかし何が重要なのかをより明確に表現している。16節で「福音」とあった語は「イエス・キリストを信じること」として語られる。つまり「福音」とはイエス・キリストそのものであり、またイエス・キリストを信じることであると理解していいだろう。すると、「信仰」の対象としてパウロが指し示すものは、何かしらの真理や事実や価値ではなく、一人の人である。「あなたはこの人を信じるか？」わたしたちはパウロからこの「信仰」を問われているのである。

あなたが誰か初対面の人に出会った時、その人物を信じるか否かは、全く情報がない中では、あなた自身がその相手とどう

よって機会を得、あらゆる種類のむさぼりをわたしの内に起こしました。」（ローマの信徒への手紙7:7-8）

出会うかにかかっているだろう。つまり出会いの中で問われるのは、実は自分自身である。テクニックも経験も知識も二の次で、ありのままのあなたがイエスとどう出会うかである。

もちろん、わたしたちの力は頼りなくて、瞬時に判断を下せるほど鋭いものではないから、十分に理解し合えるまでつき合ってみなければわからないだろう。しかしその付き合いは誠実なものでなければ意味を持たない。あなた自身の相手に対する誠実さである。それがパウロの言う「信仰」に通じるものではないか。一人の人を前にした時の誠実さ。それが「信仰」に関係しているのならば、これは確かに万人にとって重要な要——「あなたは一人の人と向かい合った時、誠実か？」となるものである。

「福音」は真実に「福音」であるために、否定されても愚かとされても、すべてと関わり、「信じる者すべてに救いをもたらす神の力」とあろうとすることを止めない。誠実なお方としてあなたの前にいる。

資料

《資料1》

マルティン・ブーバー（著）、田口義弘（訳）『我と汝・対話 新装版』（みすず書房、2014年）

「わたし　それ」と「わたし　あなた」でこんなにも世界が異なることを、何よりわたし自身が異なることを教えてくれる。

《資料2》

ガブリエル・バンサン『アンジュール——ある犬の物語』（BL出版、1986年）

ゴミのように捨てられた犬が、一人の少年と出会うまでの物語。一言も言葉は書かれていないが、犬の言葉が画面いっぱいにあふれているような絵本である。

アクティブラーニング

1　マインド・マップ「自分を作っているものを知ろう」

- 4名のグループを作る。
- A4の用紙をみんなに配布して、真ん中に似顔絵を描く。そしてその周りに「したいこと」「しなければならないこと」「好きなこと」「自分の特徴・できること」を、枝状に書いてゆく。
- それをグループ内で発表、友達から意見をもらい、それぞれ色を変えて、追加して書き込む。
- マインドマップを完成させて、発表する。

2　無人島をサバイバルしよう

- 4名のグループを作る。
- グループでどんな無人島にいくかを話し合って決める。
- 各自「無人島に持ってゆく三つのもの」を書く。なるべく「その理由」と「私はどんな時に有益か」も詳しく書くように指示する。
- それをグループ内で発表、みんなで協力してどんな風に無人島で生きていくかを話し合う。

聖書はみだしコラム

「たとえば、律法が『むさぼるな』と言わなかったら、わたしはむさぼりを知らなかったでしょう。ところが、罪は掟《おきて》に

▶「おっ 押すなよぉ！」って振りの後、ドンッと突き落とす定番のコントと、律法と罪の関係は、わりと似ているね。

メッセージ 13

「王道」を突き抜けろ!

コリントの信徒への手紙I　二章一――二節

兄弟たち、わたしもそちらに行ったとき、神の秘められた計画を宣べ伝えるのに優れた言葉や知恵を用いませんでした。なぜなら、わたしはあなたがたの間で、イエス・キリスト、それも十字架につけられたキリスト以外、何も知るまいと心に決めていたからです。

解説

「少年漫画」の王道ストーリーは「主人公（と友人たち）の成長～ライヴァルとの競合（と挫折）～技術の向上（必殺技の習得）＋連帯（友情）の増進～ライヴァルへの勝利」だそうだ。その後は？　物語が続くなら、さらなるライヴァルの登場と挑戦、そしてさらなる勝利だろう。これはまさに王道なだけに、昭和から平成の主な漫画を概観《がいかん》すると、見事に当てはまる。おそらく今後も変わらない気がしている。それゆえ、わたしたちはどの時代を生きた人であっても、この「発展と勝利」の物語に囲まれて、育まれてきたのではないだろうか。

『スラムダンク』
©井上雄彦 I.T.Planning,Inc.

少し落ち着いて自分が愛読してきた漫画たちを振り返ってみると、全くその通りで、納得する。しかしその後、少々疲れを覚える。わたしたちは「発展と勝利」をどこまで繰り返していけばいいのだろうか。「敗北」してしまった者はどうしたらいいのだろうか。「発展と勝利」の他に、何か別の道はないだろうか。否、きっとあるに違いない。「発展と勝利」とは全く視点の異なる、しかもわたしたちを生かす別次元の「勝利」を指し示す物語が。

使徒パウロは、プラトンやアリストテレスゆかりの、学問の都アテネでの伝道に失敗し、失意と恐れの中で次の町コリントにやってきた。コリント伝道を始めるに当たっての決意が右記の言葉「十字架につけられたキリスト以外、何も知るまい」である。その前にある「優れた言葉や知恵」は、もしかしたら、アテネ伝道でパウロが行った伝道方法を示唆《しさ》するものかもしれない。学識豊かなアテネ人たちに、パウロは自身の持つユダヤ的＋ギリシャ的知識を総動員して、力一杯対決した。そうしたら、ものの見事に失敗し、誇りも自信もペチャンコになったのではないか。

失敗の反動で「優れた言葉や知恵」を諦《あきら》めた、では浅はかだろう。むしろパウロは自分自身の愚かさを知り、根本から出直したのだろう。何よりも、キリストの「豊かさ、恵み深さ」を、失敗を通して味わうことができたから、「十字架のキリスト」に全力をかけて活動しようと決意したのではないか。

それでは「十字架のキリスト」とは何か。パウロはこの手紙の中では「〝霊〟と力の証明」や「人の知恵によってではなく、神の力」と語る。コリント教会での、具体的な実際の体験をその背後に感じさせる言葉使いである。

コリント教会には、その町の特徴（商業と淫蕩《いんとう》の町）を表すかのように身分の低い者が多かったようだ。「発展と勝利」とは程遠い人々の集まり、それがコリント教会だったのだろう。しかし彼らには「十字架のキリスト」の宣教は伝わり、広まったのである。何故彼らに「福音」が広まったのかは、わからない。しかし、「発展と勝利」とは異なる力が人を生かし、苦難に立ち向かわせ、その人にとっての勝利をもたらすことはある。例えば資料で示した幕末―明治初期のキリシタン、高木仙右衛門の生涯において、あるいは漫画『MASTERキートン』の主人公、平賀＝キートン・太一の生き様のように。「十字架のキリスト」には「発展と勝利」とは異なるが、人を生かす力があり、それが人を新たに生かしたのである。

資料

《資料１》

高木慶子『高木仙右衛門に関する研究――「覚書」の分析を中心にして』（思文閣出版、2013年）

幕末～明治初期におこった長崎の「浦上四番崩れ」とキリシタンたちが経験した「旅」という流罪と迫害を、わたしたちはどれほど知っているだろうか。「旅」の中で信仰を全うした高木仙右衛門の姿に真の人間の強さが示される。

《資料２》

浦沢直樹　脚本／勝鹿北星・長崎尚志『MASTERキートン完全版〈全12巻〉』（小学館、1989年）

今でも文句なく楽しめる作品。考古学者にして、元イギリス陸軍の特殊空挺部隊という経歴を持つ保険調査員である主人公の平賀＝キートン・太一が難事件を解決するのだが、彼を取り巻く人々との関わり、つまり人間ドラマに注目すべき作品である。

Active Learning アクティブラーニング

1 「聖句を映像化しよう！」

- 各自、聖書を読んで、自分が映像化しようと思う聖句を選び、選んだ聖句を味読して、一番中心となる言葉や文章を見つける。
- その言葉や文章を元にして、

a 写真や映像（イラストや絵も可）を撮影する。

2 「録画、上映しよう」

b 動画を撮る。

c 演劇やパフォーマンスとして準備し、映像として録画する。あるいは文化祭などで上演する。

聖書はみだしコラム

「平和な生活を送るようにと、神はあなたがたを召されたのです。妻よ、あなたは夫を救えるかどうか、どうして分かる

▶夫婦間はもちろん、全ての人間関係で、出会いと別れを経験する時に有効。パウロ、しみること言うなあ。

メッセージ 14

土いじりは、お好きですか？

コリントの信徒への手紙Ⅰ　三章六―七節

わたしは植え、アポロは水を注いだ。しかし、成長させてくださったのは神です。ですから、大切なのは、植える者でも水を注ぐ者でもなく、成長させてくださる神です。

解説

明治学院東村山キャンパスには、ささやかな「聖書植物園」がある。聖書に登場する植物をいくつか育てているが、その成長を見守り、未熟ながら手入れをしていて思うことは「育つものは育ち、枯れるものは枯れる」である。

ザクロの木もアーモンドの木もイチジクの木も、枯れた。原因は台風被害や病気である。否、もともとこの植物園の土壌や気候に合っていないのかもしれない。ローズマリーの木も枯れた。原因不明である。もうお手上げだ。そうかと思うと、とうごまは、大して手入れもせず、そのままなのに毎年芽を出し、2mにも成長する。

以前、福岡の西南学院大学を訪問し、聖書植物園の営みを見学させていただいたが、やはり苦労されていることを痛感した。専門の造園業者が植物の手入れをしていたが、なかなか大変なのだそうだ。そうだろう。雑草一つとっても、毎年繁茂《はんも》する雑草の種類が異なる。今年は今まで見たことない（外国種だろうか？）、抜いてもすぐ生えてくる雑草に手を焼いた。芽生えてくる芽も、どれが元気に成長し、どれがきれいな花を咲かせるのかわからない。それなのにしばらくどちらも育つままにしておくと、どちらも育たず途中で枯れたりする。植物がわたしに決断を迫るのである。決断に必要な知識等もないのに！

植物を前にして、とにかく一生懸命手入れをし、世話をするしかないのである。どの苗に将来性があるかわからない。苗自体は元気でも、虫に喰われるかもしれないし、中学生が踏むかも？　台風も冬の寒さも（あるいは暖冬も）止めることはできない。雨は必要だが、大雨は植物園の土壌自体をどこかへ流してしまう。

「積んでは崩し」感を覚えつつ、また一から土を入れ、土を作り、耕し直してやり直すしかないのである。知識がないとたいてい失敗する。まめに手入れをしないときれいに育ってくれ

語る方をとります。」（コリントの信徒への手紙 I　14:19）

ない。十試みたうちに成功したのは三くらいであろうか。

　こう書いているとほとんど失敗しているように思われるかもしれない。まあ事実その通りだが、たまに予想外の大収穫もある。古代エジプト由来の大麦は二年間失敗して、三年目に豊かな収穫を得ることができた。空豆は時期と育てる場所を間違えなければ（同じ場所に連作できない）、きちんと初夏においしく食べることができる。

　今年は失敗覚悟でメロン（原種にちかいウリのようなもの）を4株植えたら、香りのよい大玉をいくつも収穫することができた。


極めつけはオリーブの木。1本しか生えていないので、長年大して実をつけない（複数本生えていないと結実しにくいと聞いた）木であったが、近年たくさんの実をつけるようになった。

　思うに、ご近所の住宅街でもお庭にオリーブの木がちらほらあるようになり、虫が花粉を運んでくるのではないだろうか。今年はオリーブ油しぼりに挑戦するつもりだ。もちろん失敗覚悟で取り組むのだけれど（実際、失敗した。来年また挑戦する）。

　使徒パウロの働き、ヘボン博士の働きもまた、かくのごとくであろうとひそかに思っている。

資料

《資料1》

中島路可『聖書の植物物語』（ミルトス、2000年）

聖書に登場する植物を丁寧《ていねい》に取り上げて、説明しているので、聖書植物園の手入れをする上でたいへん役立った。しかしそれだけでなく、聖書を読む楽しさが増す一冊でもある。

《資料2》

シェル・シルヴァスタイン（作と絵）、**村上春樹**（訳）**『おおきな木』**（あすなろ書房、2010年）

大きな木については、賛否両論、様々な意見が出ているが、「木」＝世界／地球、少年＝人類でいいのではないか。しかし、大いに議論してほしい本である。

東村山キャンパスの聖書植物園

Active Learning アクティブラーニング

1 「自分を植物に例えてみよう！」

方法

- 4名のグループを作る。
- まず、自分を植物に例えるなら何か、その理由をノートに書く（図書館で事前に植物について、学習するのもよい）。
- 次に、グループで互いに植物に例えるなら何か、話し合ってその理由もまとめる。そして、自分の思う植物とみんなの思う植物の比較を発表し合う。
- 結果、植物としての自分を決定して、その画像（できればカラー）を印刷する。
- その画像で教室を飾り、花と緑いっぱい（緑ではないかも）の教室にする。

2 「聖書に登場する植物に、自分を例えるなら」

方法は右に同じ。

- しかし、事前に聖書に登場する植物を調べ学習する必要がある。

聖書はみだしコラム

「しかし、わたしは他の人たちを教えるために、教会では異言で一万の言葉を語るより、理性によって五つの言葉を

▶この言葉でドリカムの歌を思い出す人は、もういないかな？「未来〇〇図II」。

メッセージ 15

神なき、神々なき世界の中で

コリントの信徒への手紙II　一章四節

神は、あらゆる苦難に際してわたしたちを慰《なぐさ》めてくださるので、わたしたちも神からいただくこの慰めによって、あらゆる苦難の中にある人々を慰めることができます。

解説

聖霊の働きを考える時に、指針となる教えはやはりパウロの手紙コリントI、コリントIIであろう。パウロはコリント教会を混乱させていた「聖霊の働きを強調する霊的熱狂主義」者たちの誤りや危険性を厳しく指摘して、聖霊なる神の働きを正しく語りかける。

さらに、コリントI、コリントIIは、「聖霊とは何か」という神学的な問題に留まらず、21世紀を生きるわたしたちの問いにも通ずる教えがある。「神なき世界」となった、この世界をどう理解するのか。神を必要としなくなったわたしたちは、どう生きるべきなのか。このような、現代人の疑問にハッとするようなヒントを、「聖霊」を論ずるパウロの言葉は、密かに語りかけてくるのである。

聖霊は目には見えないが——つまりこの世界に対して「正義の神の鉄槌《てっつい》」のような、目に見える働きかけをしないが——一人一人の内面にひっそりと寄り添い、人の心と向かい合い、語り合ってくださる。そしてその人の言葉や行動に成って、この世界に今もなお働きかけてくださる。そのようなお方である。

コリント教会を混乱させていた「霊的熱狂主義」者たちの間違いはここであった。聖霊は神秘的な高揚《こうよう》や霊的エネルギーの充満のような、感じられる何かではない。聖霊は、私と向かい合うお方なのだ。ましてや自分を客観的に見つめる意識（高次の自分）でもない。意識はまさに意識し得るもの。しかし聖霊は常に「他者」として、わたしと向かい合う。

では、聖霊とは何か。こう言ったらいいだろうか。あなたにあなたのことを愛し、いつも心配してくれる祖父（祖母でもよい）が遠くの故郷にいるとする。たまに電話や手紙でやりとりはするが、普段は忙しい毎日にかまけて祖父を忘れている日常だ。しかし祖父はあなたを忘れないし、その愛が止むことはない。祖父からの言葉と思いはいつもあなたへ風のように流れている。たとえ聞こえていなくても。後になってから、その事実を知るのである。あなたの人生は確かにあなたが考え、あなたが選択し、あなたが決定し、あなたが実行した。間違いない。

しかしあなたは風のような祖父の愛に包まれていたのだ。さあ、あなたは自分の決定によって失敗した時に、遠く故郷にい

います。キリストのゆえに、わたしはすべてを失いましたが、それらを塵《ちり》あくたと見なしています。」（フィリピの信徒への手紙 3:8）

る祖父を責めるだろうか？「愛しているなら何故何もしてくれないのか」と言って。逆だろう。そう思うならもっと頻繁《ひんぱん》に祖父に電話すればよかったのだ。きっとよいアドヴァイスを実際の声で聞くことができただろう。

「言《ことば》は肉となってわたしたちの間に宿られた」とヨハネ福音書1章14節は告げる。神の言はわたしたちと同じ人となることを欲し、実際、人となって生き、十字架上で死なれた。わたしたちの喜び、苦しみと悲しみ、そして何より罪深さと死と一つになるために、神の言は人となってくださった。それゆえ聖霊もまた、わたしたちの心に寄り添い、心と一つになって、神の言を心の内に示してくださる。そのようなお方なのである。

21世紀。それが「神なき世界」だというのなら、こう答えよう。「神の言は人となった」と。わたしたちが思い描く「英雄の神」「正義の鉄槌を振う神」、つまりわたしたちが作り出した「神」は確かにいない。21世紀は確かに成熟した「神なき世界」だ。しかし人となった神の言が、この世界におられる。あらゆる苦難と共に。苦難だけではない、苦難の先にある慰めと喜びと平安と共に、人となった神の言がおられる。聖霊は風のようにわたしたちに寄り添い、彼がどこにいるのか、慰めがどこにあるのかを語りかける。

＊クロスリファレンス　新約11もあわせて見てみよう

資料

《資料1》

岡本裕一朗『いま世界の哲学者が考えていること』

（ダイヤモンド社、2016年）

現代とはどのような世界で、どこへ向かおうとしているのかを考える上で、多くの示唆を与えてくれる。また読み易く明快である。

《資料2》

上枝美典『「神」という謎〈第二版〉――宗教哲学入門』

（世界思想社、2007年）

この本もまた、宗教をめぐる問題点を整理するうえで多くの示唆を与えてくれる。授業で使うことを想定して書いてあるので、読んでいるとこの講義に出席している学生になった気持ちになれて、楽しい。

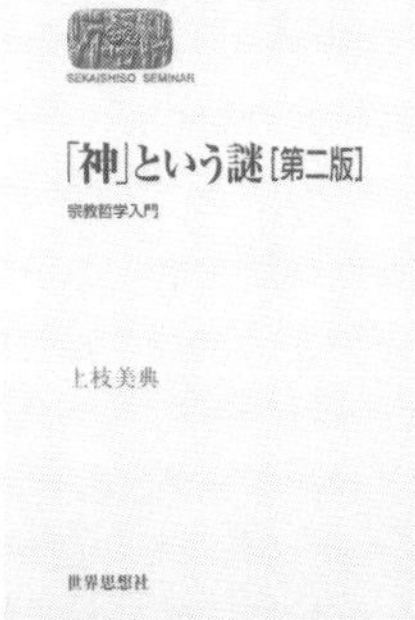

Active Learning アクティブラーニング

1　「わたしたちの祈り」を作ろう！

グループでわたしたちの抱えている問題を話し合う。

この問題を覚えて、お祈りをみんなで作成する。

＊その際、問題を神に丸投げするのではなく、わたしたちが問題を解決するために必要なものは何かを、よく話し合って、お祈りを作成するよう、注意する。

2　ディベートをしてみよう！

● 『「神」という謎〈第二版〉』をテキストに用いて、

a　「神は存在するか」について

b　「信仰と理性」について

グループで議論する。

● 学んだことにもとづいて、ディベートを行う。

聖書はみだしコラム

「そればかりか、わたしの主キリスト・イエスを知ることのあまりのすばらしさに、今では他の一切を損失と見て

▶断捨離《だんしゃり》の究極！こんなにすっぱり全てを捨ててキリストのみに徹したら、清々《すがすが》しい。

メッセージ 16

隣りの超人類さん

コロサイの信徒への手紙　一章一五――一七節

御子《みこ》は、見えない神の姿であり、すべてのものが造られる前に生まれた方です。天にあるものも地にあるものも、見えるものも見えないものも、王座も主権も、支配も権威も、万物は御子において造られたからです。つまり、万物は御子によって、御子のために造られました。御子はすべてのものよりも先におられ、すべてのものは御子によって支えられています。

解説

生命倫理の問題の一つに「人間の改良――わたしたちはわたしたちを作り替えてよいか」がある。「人間の改良」は20世紀に問われた「優生思想――最も顕著なものはナチス型の優生思想」をすぐに想起させるので、反射的に「人間の改良」はいかん！　と結論を出したくなる。

しかし、「より健康」「より優れた能力」あるいは「新しい環境下（更に進んだIOT環境や、宇宙空間や他の惑星）への適応」という21世紀における課題を前にした時に、簡単に否定できるものではないことも事実である。

わたしたちは既に今、自分自身を改良する手段（科学技術）を手に入れつつある。「できるか」ではなく「していいのか」という問題に直面している。それは例えば「癌《がん》になっても、治療することができる」技術に賛成するなら、「癌になりえない（あるいは癌細胞を完全に自己修復できる）身体にする」技術にも賛成するか？　という問題である。常識的に考えるなら、後者の方、「癌になりえない」はより優れた方法だとして、結局誰もがどちらも賛成するのではないだろうか。

20世紀型の「優生思想」は、国家や人種間の優劣や支配・被支配を前提としていて、人種間の差別を必然的に生み出すようなものであったが、21世紀の「優生思想」は、言わば「人類自身の手による、人類のための自己進化／自己改良」であり、万人が肯定できるようなものとしてわたしたちの前に立ち表れている。

それゆえ、わたしたちはやがて生命としてそれまでの人類よりも性能的に優れた「超人間」を造り出すかもしれない。すると、「人類は皆同じ」とは言えない世界が到来することになる。「超人間」は、実際、生命として異なる「人間」になってしまったのだから。能力も種としての存在そのものも、言わば「旧人間」との間には今までの平等はない。少なくとも「物理的存在」、

手紙 4:2）

あるいは「生命としての基本性能」は、「旧人類」をはるかに凌駕《りょうが》した、別の種であろう。人間は2種類以上になるのである。

　コロサイの信徒への手紙は「御子《みこ》による世界創造と世界保持」を語る。その際、その創造と保持は「見えるものと見えないもの」つまり物理的世界と、より高次の世界、言わば「天使的世界」を含む、全ての世界に及んでいることを語る。人類よりも優れた存在（天使）があることを前提とした世界を語っていることに注目したい。

　たとえ人類より高次の存在がいるとしても、全ての存在の根拠は、十字架で人類を赦《ゆる》すために死んでくださったイエス・キリストである。御子キリストの前では、能力の優劣はあっても、存在の優劣は問題とならない。ここにキリスト教的な生命の根拠がある。

【トランスヒューマニズム（人間超越主義）】
トランスヒューマニズムでは新しい科学技術、たとえばNBICと呼ばれるナノテクノロジー、バイオテクノロジー、情報技術に認知科学、また未来技術として考えられている仮想現実、人工知能、精神転送に人体冷凍保存などを支持しており、この考え方に則り、実際に薬品や遺伝子操作による寿命の延長・肉体の強化、脳とコンピュータの接続、などの研究が行われている。トランスヒューマニストは、人間は人間以上の存在になるためにこれらの科学技術を使用すべきであり、使用できると考えている。

資料

《資料1》
ユヴァル・ノア・ハラリ（著）、柴田裕之（訳）『ホモ・デウス――テクノロジーとサピエンスの未来〈上・下〉』（河出書房新社、2018年）

『サピエンス全史〈上・下〉』がこれまでの人類の歩みを語るものであり、それを受けて、人類の未来を考える作品。読み物としても面白く、読みやすい。著者の基本的な考え方を知りたいならば、『サピエンス全史〈上・下〉』から読むことを勧める。

《資料2》
ラメズ・ナム（著）、西尾香苗（訳）『超人類へ!――バイオとサイボーグ技術がひらく衝撃の近未来社会』（河出書房新社、2006年）

本文の「優生思想」に直接関係する著作である。専門的な知識や用語に悩まされる時もあるけれど、様々な実例や2000年代前半までの科学的成果を前提として自説を展開している。近未来を考える手がかりとして興味深い。

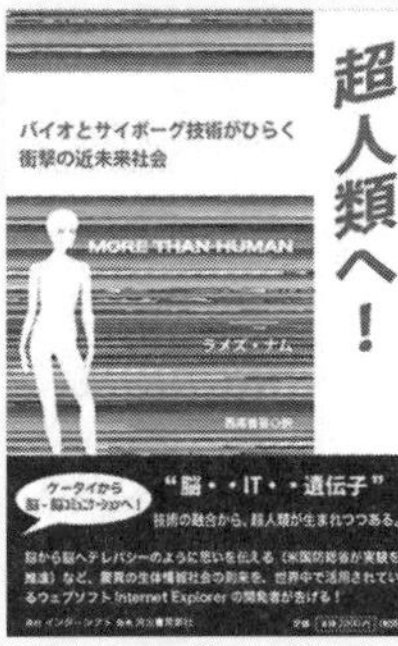

Active Learning アクティブラーニング

1　ディベート「人間の改造に賛成か反対か」
方法
a　自分の改造　整形／ピアス／体力増強剤／タトゥー
b　誕生時における遺伝子操作
これらの議題について賛成か反対かに分かれて議論する。

2　人間の改造を認めるとしたらどこまで可能か、改造後の人間はどんな生き方をするのか、を話し合ってみよう。

聖書はみだしコラム
「わたしはエボディアに勧め、またシンティケに勧めます。主において同じ思いを抱きなさい。」（フィリピの信徒への
▶パウロであっても、ケンカの仲裁はなかなかむずかしい。パウロの困った顔が目に浮かぶ。

メッセージ17

一冊の本を手に、旅にでよう

ヘブライ人への手紙 一一章一三――一六節

この人たちは皆、信仰を抱《いだ》いて死にました。約束されたものを手に入れませんでしたが、はるかにそれを見て喜びの声をあげ、自分たちが地上ではよそ者であり、仮住まいの者であることを公に言い表したのです。このように言う人たちは、自分が故郷を探し求めていることを明らかに表しているのです。もし出て来た土地のことを思っていたのなら、戻るのに良い機会もあったかもしれません。ところが実際は、彼らは更《さら》にまさった故郷、すなわち天の故郷を熱望していたのです。だから、神は彼らの神と呼ばれることを恥となさいません。神は、彼らのために都を準備されていたからです。

解説

「わたしの人生にどんな意味があるのか。生き甲斐《がい》というか、一人の人間としてわたしの目的は何か?」わたしたちの魂の奥にはいつもこの問いが隠されている。

既《すで》に、結婚して家庭を持つことを頭から断念している20代前半の青年がいる。誇れるような学歴も特技もない。容姿や体力もまた然り。お金もない。自分は決して成功しないと決めてかかっている。でも、人は独りでは生きていけないから「お互い負け組としてルームシェアして一緒に生活しよう」と、仲間と話し合っていたりする。しかし惨《みじ》めさや人生に対する投げやりな感じはない。そんな生き方もあるのだと納得させられる。

また生き方は多様化した。LGBTのカップルをして「生産力がない」などとの発言は、全く笑止である。わたしたちは確かに生物であるが、人間の存在意義を「自己再生産」――江戸時代風に言うなら「御家《おいえ》の存続」であろうか――に求めることなど、もはや誰もしないであろう。しかし、だからこそ、人間として生きる意味や目的への答えは、混迷の度合いを深めている。家族の形や意味が変化した。生き方も多様だ。しかも、昨今のニュースで伝えられる「孤独死」(高齢者だけでなく、壮年から青年層も増えている)に示されるように、人間の孤独もまたわたしたちの生き方に問題としてついてまわる。一人でいること。共同体の一員として共に生きること。これからの生き方が問われている。

ヘブライ人への手紙の作者は、イスラエルの始祖たちの物語を引用しつつ、それらを独特の解釈で解き明かしていく。彼らは皆「旅する信仰者」であった。地上では旅人、寄留者、よそ

で語りなさい。」とあるように、人をいじけさせない言葉を語りたいもの。

者として生き、「約束」のものを手に入れずに死んでいった。天の故郷を探し求めていた、とこのように語るのである。

　旅人であるが、しかし永遠の旅人ではない。さまようだけの人生を生きているのではない。行き先がある。「天の故郷」を目指す。だから、この世においては寄留者でよそ者であることを甘んじ、この世から出て行くことで、そして同じ目的地を目指す者と共に旅して生きることで、この世を客観視することができるのである。

　このような生き方の良い所は何か。まずは、自由である。今いる所、今自分を縛《しば》り付けている所から出て行ってよい。この世界の価値観を絶対視する必要はない。そして、秩序と自制がある。また共に旅する仲間がいる。旅先と目的があるし、同行者がいるのだ。だから何でも自分勝手というわけにはいかない。

　だとすれば、旅の持ち物も行動も時間の使い方も、それらに合わせて定まってくる。旅人の倫理がある。何より、神は、このような旅人の神である。神はこの世の神ではない。旅人の神であることを神ご自身が選びとってくださる。エマオへの道程での復活のイエスのように（ルカ24章13節以下参照）。旅人として生きる人生を、同じく旅人であるイエスご自身が意味あるものとしてくださる。魂の奥に隠されている問いに、聖書は「そこから旅立ちなさい」と語りかける。「イエスと共に、ここから、出て行こう。」――聖書の根本的なメッセージはこれかもしれない。

＊クロスリファレンス　旧約02もあわせて見てみよう

資料

《資料１》

ラーゲルレーヴ（作）**、香川鉄蔵、香川節**（訳）**『ニルスのふしぎな旅〈全４巻〉』**（偕成社、1994年）

アヒルのモルテンとの旅がイジワルだったニルス少年を変える。旅の中で小人になった彼は人間へと成長してゆく。旅と成長の物語として秀《しゅう》逸《いつ》である。

《資料２》

トーベ・ヤンソン（作と絵）**、鈴木徹郎**（訳）**『ムーミン谷の十一月』**（講談社、1980年）

どこかへ旅立ったムーミン一家の代わりに、ムーミン屋敷で生活する人々を描く「ムーミン」シリーズの最終巻。画家でもある作者らしい、絵画的な作品である。

Active Learning アクティブラーニング

1 「わたしを縛《しば》るもの」は何かを考え、文章にしてみよう

2 旅を計画しよう

- グループを作る（4～8名くらい）
- 旅に出よう。その時必要なものを5つ選ぶ。
- 次に、誰と旅をするか、どんな旅をするか、を計画する。
- 自分の旅計画を発表する。

3 考えてみよう

- ステップ1の考えを深める
- 逃げ出すことによって自由になれるか、それとも現在の状況を打破することによって自由になれるか、それとも第3の道はあるか、考える。文章にまとめる。

聖書はみだしコラム

「父親たち、子供をいらだたせてはならない。いじけるといけないからです。」（コロサイの信徒への手紙 3:21）
▶褒《ほ》め上手、そして叱《しか》り上手になりたいなあ。いじけるは、人を傷つけた証拠だね。4:6に「塩で味付けされた快い言葉

メッセージ 18

VR（バーチャル）上でVR内の友人とVR世界を生きる、かもしれないわたしたちの素晴らしき世界

ペトロの手紙Ⅰ　一章二四 ― 二五節

「人は皆、草のようで、その華やかさはすべて、草の花のようだ。草は枯れ、花は散る。しかし主の言葉は永遠に変わることがない。」これこそ、あなたがたに福音として告げ知らされた言葉なのです。

解説

わたしたちは心の底から現金な者で、自分に不利益をもたらさない場合は「草は枯れ、花は散る」の言葉に「その通り。ゆく川の流れはたえずして、であり、盛者必衰だ」とわかったような口をきくくせに、自分のこととなると永遠不変の幸いを願い、青春時代の永続を願って「時間よ、止まれ」と言い放つ。

むしろ心の奥ではいつも、切ない思いで「草は枯れ」であることを憂い、時間が止まらないことを嘆く。わたしたちはこの聖書の言葉「草は枯れ、花は散る」を前にした時、自分の素顔を見せつけられたようになって、立ち尽くしてしまうのではないか。

これから10〜20年間くらい（現在2019年）で、様々な業種のAI化、ロボット化が進んで多くの職種は人間の労働を必要としなくなるらしい。ほんの少しの資本家や経営者が全世界規模の富を独占し、ごく少数のエリートと大多数の普通の人々との格差は増大し、世界は、経済的に2種類の世界「持つ者の世界と持たざる者の世界」となるかもしれない。

わたしたちが「働くこと」を失ってしまった時、どうなってしまうのだろうか。「生きること」は、例えば国家（あるいは国家を超えた企業体？）が保障して、ある程度与えられるかもしれない。だから「消費者」としては生きていけるだろう。しかし、今までのような「よく生きるためによく学び、よりよい自分へ成長し、よりよいものを生み出す」という、自己実現者という人生の捉《とら》え方はできない。人生の選択肢は与えられる分に限定されて生きていける状態。まあ簡単にいって「真面目に努力し、善く生きて何になる？　とりあえず生きていけるのだから」だ。

そのようになった時、わたしたちは自分自身にどのような価値を見出すことができるだろうか。また世界をどのように受け入れることができるだろう？　これからのわたしたちは、少しオーバーな表現で言うなら「すごく居心地のいい強制収容所とそこで生きるわたしたち」になるのだ。まさに「ただ時間と世界を消費してはかなく枯れる草」だ。ただ生きることだけが与えられ（おそらく生に伴う健康と楽しみは保障されるだろう）、そしてそれだけの世界。

現在よりも一層「善く生きる意味」「学ぶ意味」「他者を尊重し、

愛する意味」等が問われるだろう、それらを問わなくても生きていけるという現実を見据《す》えつつ。わたしたちは近い将来、「人は、みな草だ」との聖書の言葉を、いつも心につぶやいて生きるようになるかもしれない。その世界を「天国」と思うか、「強制収容所」と思うかはその人次第である。

しかし、聖書の言葉は「人は、草だ」で終わっていない。「主の言葉は永遠に変わることがない。」と語りかけている、「草」であるわたしたちに。「草」にすぎないわたしに、永遠の言葉が語りかけられ、永遠であるお方がわたしと向かい合っている。

一片の草は草と
して世界から失
われてしまうが、
永遠なるお方は
その草を忘れる
ことはない。

井深八重の墓碑（撮影　一村弘幸氏）
御殿場・神山復生病院でハンセン病患者とともに生きた看護師の井深八重の墓碑には、「一粒の麦」（ヨハネ12・24）と記されている。

資料

《資料 1》

ハンス・ヨーナス（著）、品川哲彦（訳）『アウシュヴィッツ以後の神』（法政大学出版局、2009年）

現代に向かって「神」を弁明するこの書は、まさにアウシュヴィッツ以後の世界がどのような問題をはらんでいるかを示唆する。またヨーナスが展開する「神の存在証明」の試みはたいへん興味深い。

《資料 2》映画

リドリー・スコット（監督）『ブレードランナー』（アメリカ、1982年）

ドゥニ・ヴィルヌーヴ（監督）『ブレードランナー2049』（アメリカ、2017年）

近未来…21世紀を描いた作品として有名であり、未来を考える上で参考になる。

（写真左）Blu-ray『ブレードランナー　ファイナル・カット』日本語吹替音声追加収録版　ワーナー・ブラザース ホームエンターテイメント　TM & ©2017 The Blade Runner Partnership. All Rights Reserved.

（写真右）Blu-ray『ブレードランナー 2049』発売・販売元：ソニー・ピクチャーズ エンタテインメント

アクティブラーニング

1　「自分の墓の墓標にしたい、聖句」を選んでみよう。
- 聖書を味読し、自分の聖句を選ぶ。
- 色紙などに聖句を書き、選んだ理由も書いて、発表する。

2　「生活が保障された世界」で、あなたはどう生きるか
a　「生活が保障された世界」それはどんな世界か？
b　「生活が保障された世界」そこで何をする？
- まず自分で考え、次にグループで話し合い、発表する。

3　「AI化が進んだ社会」の問題点とはなにか
- まず自分で考え、次にグループで話し合い、発表する。

聖書はみだしコラム

「すべての重荷や絡《から》みつく罪をかなぐり捨てて、自分に定められている競争を忍耐強く走り抜こうではありませんか、」

▶この言葉から「箱根駅伝」を思い浮かべるのは、わたしだけ？

メッセージ 19

やさしい顔のモンスターが現れた
↓たたかう　にげる　しはいされる

ヨハネの黙示録　一三章四節

竜が自分の権威をこの獣に与えたので、人々は竜を拝んだ。人々はまた、この獣をも拝んでこう言った。「だれが、この獣と肩を並べることができようか。だれが、この獣と戦うことができようか。」

解説

黙示録の中で最も有名な箇所であろう。悪魔的な権威と力が登場する、大変映画的な場面である。ここは普遍的な真理を指摘する。それは「どんな力も、悪魔的な力となり得る」というわたしたちが決して忘れてはいけない真理である。

さらに、わたしたちは謙虚に同意すべきだろう「わたしたちの世界は、『無神論』が横行し、神なしで済《す》ませている世界なのではない、むしろ竜や獣を神として崇《あが》める世界なのだ」と。もし「神などない」とつぶやく者がいたとしても、その真意は「竜や獣以外に、神などない」であろう。

この世の権威・獣的権威に対して、黙示録は「屠《ほふ》られた小羊の命の書にその名が記されていない者たちは皆、この獣を拝むであろう」、また、「耳ある者は聞け。捕らわれるべき者は、捕らわれて行く。剣で殺されるべき者は、剣で殺される」と、容赦なく語る。誰も獣的権威に対抗することはできない。神に従うならば、覚悟を求められる、「ここに、聖なる者たちの忍耐と信仰が必要である」と。

２０４５年、ＡＩは人類を超えた知性を持つそうだ。すると人類は史上初めて人類を超えた知性に出会う。その時、ＳＦ映画のようにＡＩが人類を支配するようなことはないだろう。しかしそのＡＩを神のように崇め、権威付け、利用し、世界支配や秩序の根源とする人間が現れるだろうと思う。そんな人間の計画は、案外成功し、多くの人々に支持・賞賛されるのではないだろうか。21世紀型の「竜に与えられた獣の権威」とはこのようなものではないかと思う。それゆえ、黙示録が描く「獣的権威が支配する世界」は、絵空事とは思えない。21世紀だからこそ、現実味をおびている。

人智を超えた、神ならぬＡＩを利用して造られた秩序が与えられ、万民に福祉が行き届くように整備・支配された世界。「結構じゃないか」「何のどこが問題だ？　万事上手くいっている

また、髪は女の髪のようで、歯は獅子《しし》の歯のようであった。また、胸には鉄の胸当てのようなものを着け、その羽の音
五ヶ月の間、人に害を加える力があった。」（ヨハネの黙示録 9:7-10）　▶このいなご、こっ 怖すぎる！

じゃないか」と多くの人が21世紀型「獣的権威が支配する世界」を賞賛し、肯定して生きていくかもしれない。そのような世界では、キリスト者は覚悟して「神でないものは神ではない」との信仰を、その存在を持って明らかにすることを迫られる。

それはもしかしたら、随分過激な意見表明かもしれない。「知性は、それがどんなに優れていても、神ではない。わたしたちの知性でその高度な知性を判断できないのだとしても」「人類全体への公平な福祉が、神なのではない」「万人への平均値的な幸いや善が、神ではない」「与えられた秩序と平和が、神ではない」「安定した社会の中で実現できる、精神的平安や無の境地が、神なのではない」等、キリスト者はアウトサイダー、危険な「平和を否定する無神論者」と言われるのではないか。

そして、それはもう、経験済みである。かつてローマ帝国支配下で、キリスト者は「ローマの平和」を否定して、さらにはローマの秩序を根底から支える神々と神格化された皇帝を否定する『無神論者』と扱われたのだから。

しかし、獣に支配された世界に立ち向かうキリスト者の信仰が明らかにしているのは「世界の否定」ではない。キリスト者は神を神とすることによって、自由とされて生きることができる、このことである。獣的権威が支配する世界の中で、唯一自由な者として、キリスト者は生きることができる。

資料

《資料1》

加藤常昭『講解説教　ヨハネの黙示録〈上・下〉』
（教文館、1999年）

難解な書と思われている「ヨハネの黙示録」を講解説教した、加藤牧師の鎌倉雪の下教会在任最終年の説教。加藤常昭氏の牧師としての最後の働きであるので説教とは何かを知る上で学び豊かな書であり、また「ヨハネ黙示録」の手引きとしても、良書である。

《資料2》

つくみず『少女終末旅行〈全6巻〉』（新潮社、2014年）

神のいない世界における「終末」とは、具体的にはどのような世界なのかを一生懸命問いかける物語。物語中に登場する「自殺するAI」は、神なき世界のわたしたちとも読めて、考えを深めることができる。

《資料3》

浦沢直樹『monster〈全18巻〉』（小学館、2010年）

この聖句を手掛かりにして進むサスペンス作品。黙示録の示すmonsterを20世紀末のドイツ～チェコを舞台として上手に描いている。ドストエフスキーの『悪霊』と比較しても面白い。

Active Learning アクティブラーニング

1　黙示録一三章を絵画化しよう

● グループ（4～6名くらい）で、一三章を分担して、絵画化する。

＊イラストだけでなく、コラージュやその他様々な表現で絵画化するようにうながすこと。

2　「悪」とは何かについて、議論しよう

● a　各自、これは「悪」と言えるものを5つ、理由と共に考える。

● b　4～6人のグループを作り、各々「悪」を発表する。そして話し合い、これは「悪」ベスト3を決定する。

聖書はみだしコラム

「さて、いなごの姿は、出陣の用意を整えた馬に似て、頭には金の冠に似たものを着け、顔は人間の顔のようであった。は、多くの馬に引かれて戦場に急ぐ戦車の響きのようであった。更に、さそりのように、尾と針があって、この尾には、

メッセージ 20

WAR IS OVER 戦いは終わった

ヨハネの黙示録 二一章三―四節

そのとき、わたしは玉座《ぎょくざ》から語りかける大きな声を聞いた。「見よ、神の幕屋《まくや》が人の間にあって、神が人と共に住み、人は神の民となる。神は自ら人と共にいて、その神となり、彼らの目の涙をことごとくぬぐい取ってくださる。もはや死はなく、もはや悲しみも嘆きも労苦もない。最初のものは過ぎ去ったからである。」

解説

讃美歌はクリスマスよりも復活――イースターの歌が好きである。朝を感じさせる歌の数々。朝の清々《すがすが》しさを感じさせるだけでなく、新しい事の始まりを告げる喜びと光の現れを語る美しさ。そして、死から復活の命が現われた不思議さ。何より「戦いは終わった」と告げるその歌詞。それらが復活の喜びを私たちの心に運んで来るから好きなのである。

黙示録もまた、復活の喜びに通じるものを語りかける。この世界はこのままのんべんだらりと続くものではない。また永劫《えいごう》回帰する世界でもなく、「始まりがあり、終わりがある世界」である。それゆえ、黙示録の作者は「竜と獣」が支配する世界を「終わってゆく世界」として描いている。

「三年半」という言葉がその支配に対して繰り返し使われるが、それはこの世界が中途半端であることを示している。武力の恐怖は抗《あらが》い難く、恐怖による支配は完全に見えるが、それも終わってゆく。絶対に見える権力も決して永続しない。

黙示録が書かれた時代もまた、お金で何でも「人間の魂でさえ」売り買いされている様子が描かれていて、お金こそ神と言いたくなるが、それもまた終わってゆくのである。ここに「竜と獣」を神としない明確な理由、そして神を神とする理由がある。

黙示録を読むことで、わたしたちの内に植えつけられる大事な種子は「この世界には終わりがあり、何もかも終わる」、しかしそれだけではない。「何もかも終わり、その先は無」ではなく、「そして、新しい世界が来る。新しい朝がくる」、このことへの確信である。わたしたちは「世界は終わり、夜は明け、朝がくるのだ！」という希望を人生の土台としてよい。

「終末論」と聞くと、何かこの世の滅亡を告げ、滅びの兆候《ちょうこう》を予言するような恐ろしさや怪しさを思い浮かべる人がいるようである。しかし、本来、聖書が語る「終末」とは、この黙示

（ヨハネの黙示録 21:16）

資料

《資料 1》

C.S.ルイス（著）、**瀬田貞二**（訳）
『ナルニア国物語 全7冊』
（岩波少年文庫、1985年）

専門的なキリスト教用語を使わずに、キリスト教を物語り、子どもから大人までキリスト教の基礎をわかりやすく示している。C.Sルイスの最初で最期の小説であり、彼の代表的な作品である。

《資料 2》

20世紀の予言──「報知新聞」1901.1.23から

- 野獣の滅亡──阿弗利加《アフリカ》の原野に到るも、獅子《しし》、虎、鰐《わに》、象等の野獣を見ることあたわず、彼等《かれら》はわずかに大都会の博物館に余命を継ぐべし。
- 七日間世界一周──十九世紀の末年に於《お》いて尠《すく》なくとも八十日間を要したりし世界一周は、二十世紀には七日間を要すれば足ることなかるべく、また世界文明国の人民は、男女を問わず必ず一回以上世界漫遊をなすに至らん。
- 暑寒知らず──新器械発明せられ、暑寒を調和するために適宜《てきぎ》の空気を送り出すことを得《う》べし。阿弗利加の進歩もこのためなるべし。
- 人と獣との会話自在──獣語の研究進歩して、小学科に獣語科あり、人と犬、猫、猿とは自由に対話することを得るに到り、従って下女、下男の地位は多く犬によりて占められ、犬が人の使いに歩く世となるべし。

《資料 3》

21世紀の予言
──東京 明治学院高校でのアンケート（1993年）から

- 学校の授業──学校でノート・教科書・筆記用具が不要となる。各自の机にディスプレイがあり、その画面を見ながら授業をする。教科書・ノートは、フロッピーによって行われるようになる。
- ガン、エイズの治療──医学は現在より進歩し、ガン、エイズなどの治らないとされている病気も全て治るようになる。しかし、追ってまた、不治の病が出現する。
- 通訳機──他の言語をその人の感情による微妙な体の動きで翻訳する。だまっててもわかってしまう。
- 空飛ぶ電気自動車──環境をよくするために電気自動車が主流となり、さらには空を飛ぶ電気自動車がつくられ、環境がよくなって草木が増える。

録で確認したように「神なき世界の終わり」を語り、この呪《のろ》われた世界は変わり得るのだとの希望を語るのである。むしろ「終末論」より他に、真の希望を議論し、真の希望をめざす聖書の教えは他にないだろう。この希望は「唯一、真の神がおられる」、あるいは「イエス・キリストは真に死からよみがえられた」という、キリスト教信仰の基礎にかかっている。

もしキリストがよみがえられたことを信じられるならば、明日世界が滅びることが一〇〇%確定していても、なお希望を持つことができる。神なき世界を超えたお方が、待っておられるのだから。

アクティブラーニング

1 100年前の人々は未来をどう想像したのか

方法

- グループ（4～6名くらい）を作る。
- 新聞等の資料を調べて、100年前の未来予想がどんなものかをまとめる。
- グループで100年前の未来予想が当たっているか、外れているか、その理由は何かを話し合う。

2 未来の世界を語ろう！ 作ろう！

方法

- グループ（4～6名くらい）を作る。
- まず、今後50年間で、この世界に起こると思われる「悲観的な＝世界が滅んでしまうような、出来事」を各自が考えて一つ語り、その理由も、なるべく具体的に提示する。
- 次に、それらを解決し、新しい世界を作り出す方法をみんなで話し合う。さらに発展すると思われる分野をみんなで話し合い、発表してみよう。

聖書はみだしコラム

「この都は四角い形で、長さと幅が同じであった。天使が物差しで都を測ると、一万二千スタディオンであった。」

▶天国は正方形だったのか！ それにしても、天使の持っている物差しが純金だなんて、さすが天国！

図版の出典ないしクレジット一覧　※価格等は2019年02月の情報です。

表紙イラスト　Whitemay©iStock
『聖書　新共同訳』　©共同訳聖書実行委員会、日本聖書協会、1987-1988

カラーグラビア

i	ヘボン博士生誕記念の地とそこに立つプレート	［写真提供］David Lu
i	ヘボン夫妻金婚式（1890年）の写真	［写真提供］横浜開港資料館
iii	横浜指路教会	［撮影］松岡良樹
iii	横浜開港資料館	［撮影］松岡良樹
iii	横浜海岸教会	［撮影］小暮修也
iii	山下ヘボン邸跡	［撮影］松岡良樹
iii	横浜外国人墓地	［撮影］小暮修也、横浜外国人墓地許諾
v	東京盲唖学校発祥の地	［撮影］小暮修也
v	立教学院発祥の地	［撮影］小暮修也
v	ヘンリー・フォールズ住居跡	［撮影］小暮修也
v	明治学院発祥の地記念碑	［撮影］小暮修也
v	青山学院記念の地碑	［撮影］小暮修也
v	海水館の碑	［撮影］松岡良樹
vi	フルベッキらの墓を望む	［撮影］小暮修也、青山霊園許諾
vii	瑞聖寺	［撮影］松岡良樹、瑞聖寺許諾
viii	小諸駅周辺の名所写真	［写真提供］長野県小諸市

11頁　乗松雅休　Wikimedia Commons
13頁　『おいしい生活――デジタル・レストア・バージョン――』価格：DVD ¥1,800（税抜）
発売元・販売元：株式会社KADOKAWA
13頁　『プリンス・オブ・エジプト』DVD：1,429円＋税　発売元：NBCユニバーサル・エンターテイメント
17頁　『十戒 スペシャル・コレクターズ・エディション』DVD：1,429円＋税
発売元：NBCユニバーサル・エンターテイメント
25頁　『ちょっと待って！　竹中先生、アベノミクスは本当に間違ってませんね？』ワニブックス、2013年
田原総一朗事務所・竹中平蔵事務所より許諾
35頁　マルク・シャガール《雅歌》　©ADAGP, Paris & JASPAR, Tokyo, 2018,
Chagall ®E3323, Photo©RMN-Grand Palais (musée Marc Chagall) /Adrien Didierjean/AMF/amanaimages
35頁　ギュスターヴ・モロー《雅歌》　大原美術館蔵
39頁　マーティン・ルーサー・キング　Wikimedia Commons
41頁　ピーテル・ブリューゲル《バベルの塔》　Wikimedia Commons
43頁　アメリカ、カリフォルニア州マンザナーの日系人強制収容所跡地　［撮影］佐原光児
45頁　ピーテル・ラストマン《Jonah and the Whale》　Wikimedia Commons
45頁　『スタンド・バイ・ミー』発売中　Blu-ray 2,381円（税別）／DVD 1,410円（税別）
発売・販売元：ソニー・ピクチャーズ エンタテインメント
47頁　NCC教育部「平和教育資料センター」　平和教育資料センター提供
51頁　［撮影］北川善也
53頁　アンネのバラ　［撮影］小暮修也
55頁　被災地でボランティア活動をする学生　写真提供明治学院大学ボランティアセンター
61頁　オーバーアマガウの受難劇の記念品　［撮影］小暮修也
63頁　フィンセント・ファン・ゴッホ《善きサマリヤ人》　Wikimedia Commons
65頁　［撮影］北川善也
67頁　源三さんと母うめじさん　水野源三著『わが恵み汝に足れり』アシュラムセンター、1975年、アシュラムセンター許諾
67頁　大森隆碩　Wikimedia Commons
75頁　『スラムダンク』　©井上雄彦　I.T.Planning,Inc.
75頁　『MASTERキートン完全版〈全12巻〉』　小学館、1989年
77頁　東村山キャンパスの聖書植物園　［撮影］今村栄児
85頁　井深八重の墓碑　［撮影］一村弘幸氏
85頁　『ブレードランナー　ファイナル・カット』日本語吹替音声追加収録版　Blu-ray（3枚組）¥5,990＋税
ワーナー・ブラザース ホームエンターテイメント　TM & ©2017 The Blade Runner Partnership. All Rights Reserved.
85頁　『ブレードランナー 2049』発売中　Blu-ray 4,743円（税別）
発売・販売元：ソニー・ピクチャーズ エンタテインメント

おわりに

本書は、明治学院教育ビジョンの柱の一つである「キリスト教に基づく人格教育の発展」のために、中高大で共通して使えるテキストを、との願いに応えたものです。当初は、明治学院の歴史や人物を中心に考えましたが、それでは『明治学院百五十年史』の縮刷版になってしまうきらいがあり、方針を変更して、建学の理念であるキリスト教、とりわけ聖書を中心に展開しようと考えました。

聖書を中心にするにしても、難しいと思われる聖書の言葉や思想をどのようにしたら若い生徒・学生に届けられるか、そのことを何回もテキスト作成委員会のメンバーは考え、話し合いました。その結果、題や見出し、本文、資料、アクティブラーニングおよび聖書はみだしコラムに至るまで、斬新とも思える企画を実行しました。いずれも生徒や学生を想定して、何とか心に迫りたいという願いからです。

その中でも、特にアクティブラーニングに重点を置いています。聖書やこのテキストを参考にする際に、先ず自分自身で考え、次にグループで話し合い、それを発表する。発表されたものから、多様な意見を参考にして、もう一度、自分で考える。この作業が自己形成にとって大切だからです。

現代社会は、正確なニュースだけでなくフェイクニュースも入り混じり、情報の海の中にいるといっても過言ではありません。さらには、インターネットや他の情報に頼り、動かされ、自分の考えを持ちにくい時代でもあります。本書の新約後半部分で指摘しているように、今の一〇代、二〇代の人たちが社会の中堅となる二〇五〇年頃には、AI（人工知能）やロボットが発達する時代になると予測されています。そのような時代に向けて、人間が主体的に考え、意見を交わし、敬意を持って他者や周りを理解し、ともに生きていくためにはどうしたらよいか。その一つの手がかりにしてほしいと考え編んだのが本書です。生徒・学生だけでなく、今を生きる幅広い世代の人たちにも読んで、考えていただきたいと願っています。

最後に、本書の発行のために、ご尽力くださった小林望新教出版社社長、難しい要望に応えてくださったデザイナーの長尾優氏に心から感謝を申し上げます。

編者

明治学院テキスト作成委員会

今村 栄児　前明治学院中学・東村山高等学校教諭 ……………………（新約聖書 11 ～ 20 担当）

植木　献　明治学院大学准教授 ……………………………………………（旧約聖書 01 ～ 09、14 担当）

北川 善也　明治学院学院牧師 ………………………………………………（新約聖書 01 ～ 10 担当）

小暮 修也　前明治学院学院長………（カラーグラビア、聖書の構成と覚え歌、新約聖書 01 ～ 10 担当）

佐原 光児　前明治学院高等学校教諭、桜美林大学准教授・チャプレン
…………………………………………………………………………（旧約聖書 10 ～ 13、15 ～ 20 担当）

ヤバいぜ！ 聖書《バイブル》　あなたに贈る40のメッセージ

2019 年 4 月 1 日　第 1 版第 1 刷
2020 年 3 月 10 日　第 2 版第 1 刷
2023 年 3 月 19 日　第 2 版第 3 刷

編　　　者　明治学院テキスト作成委員会
装幀・組版　長尾　優（Logos Design）
発 行 者　小林　望
発 行 所　株式会社新教出版社
〒 162-0814　東京都新宿新小川町 9-1
電話（代表）03-3260-6148

印刷・製本　株式会社カシヨ

ISBN978-4-400-51762-7　C1016
本書の無断複写・複製・転載を禁じます。
明治学院 2020©

From America To Japan
ヘボン夫妻からの贈り物

ヘボン夫妻金婚式(1890年)の写真　(横浜開港資料館所蔵)

DR. JAMES CURTIS HEPBURN
(1815-1911)
Physician and Presbyterian missionary to Japan in the late 19th century, he devised the widely used Hepburn romanization method to transcribe Japanese into the Latin alphabet. Hepburn published the first English-Japanese dictionary, translated the Bible into Japanese, introduced Western medicine to Japan, and founded Meiji Gakuin University. All were influential in opening Japan to the Western world. Dr. Hepburn was born here.

ヘボン博士生誕記念の地とそこに立つプレート(ミルトン)

ジェームズ・カーティス・ヘボン(James Curtis Hepburn)は、アメリカ・ペンシルベニア州のミルトンに生まれ、生涯にわたって日本と世界に多くの贈り物を与えた。

一つ目は教育者として、横浜ヘボン邸で医学・英学等を妻のクララと協力して教え、これが後の明治学院に発展していく。二つ目は、医師として、キリスト教信仰に基づく愛と奉仕の精神に立って高度な医療を施した。三つめは、学者として、『和英語林集成』を編《へん》纂《さん》し、日本と世界をつなぐ働きをした。「ヘボン式ローマ字」は現在もパスポートや地名表示にも使われている。四つ目は、信仰者として、新約聖書・旧約聖書の翻訳を完成させ、さらに教会の建設に携わる等の貢献をしている。

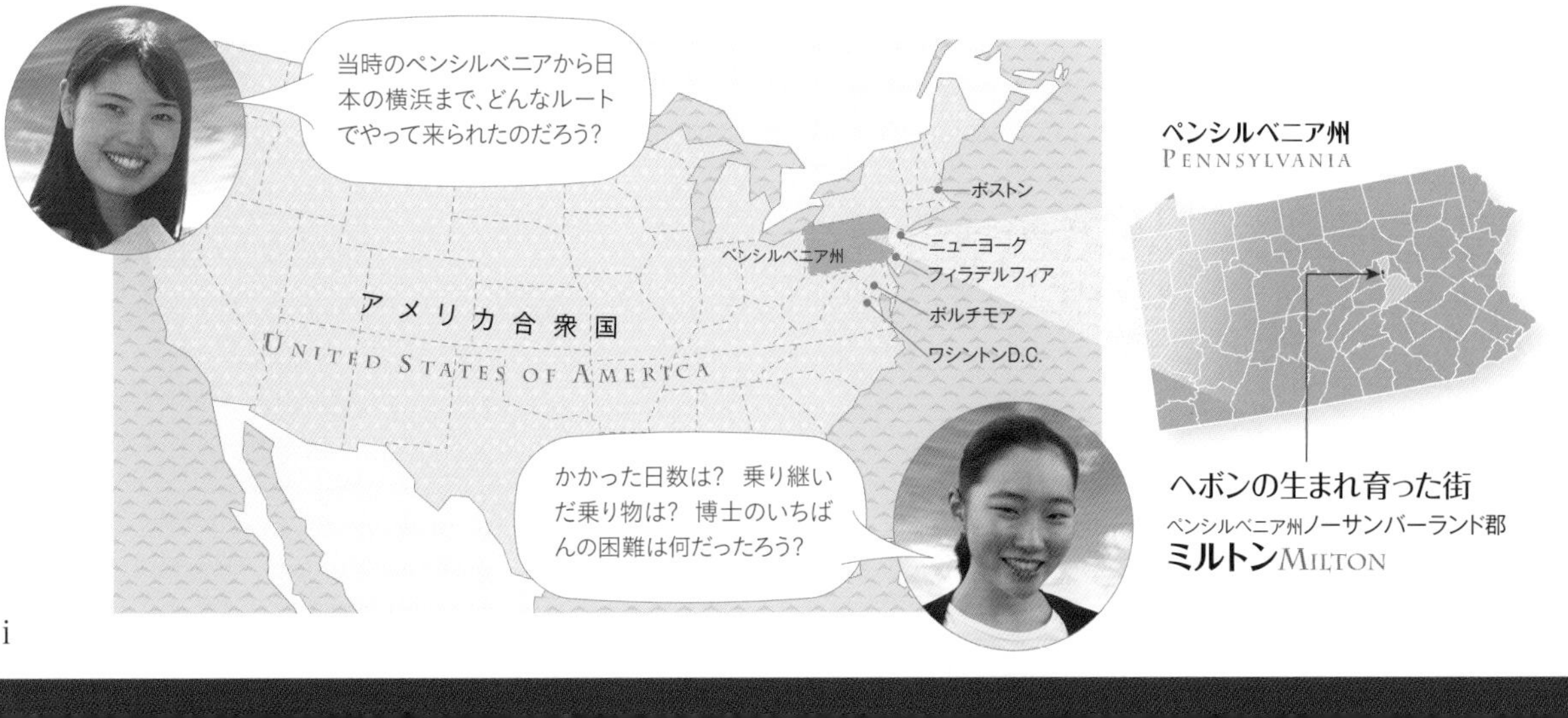
当時のペンシルベニアから日本の横浜まで、どんなルートでやって来られたのだろう?
ボストン
ペンシルベニア州
ニューヨーク
フィラデルフィア
ボルチモア
ワシントンD.C.
アメリカ合衆国
UNITED STATES OF AMERICA
ペンシルベニア州
PENNSYLVANIA
かかった日数は?　乗り継いだ乗り物は?　博士のいちばんの困難は何だったろう?
ヘボンの生まれ育った街
ペンシルベニア州ノーサンバーランド郡
ミルトンMILTON

横浜を歩いてみよう
Yokohama Field Work

このMAPに載っていないところでもワタシ的に気になるスポットがいっぱい(笑)。
桜木町
桜木町
大通り公園
伊勢佐木長者町
日ノ出川公園
横浜指路教会 1
横浜市営地下鉄
神奈川県立歴史博物館
関内
関内
馬車道
馬車道
明治の幕開けとともにここ港地区は西洋文化の窓口に。現存する教会堂、建造物、博物館で横浜の歴史をたどってみよう。
扇町公園
JR根岸線
横浜スタジアム
横浜公園
みなと大通り
日本大通り
日本郵船歴史博物館
横浜女学院中学高校
横浜共立学園中学高校
首都高速神奈川3号狩場線
外交官の家
イタリア山庭園
石川町
日本大通り
大桟橋大通り
2 横浜開港資料館
3 横浜海岸教会
赤れんがパーク
ヨコハマおもしろ水族館
みなとみらい線
ヘボン博士をはじめとして、明治期のキリスト教宣教の歴史が刻まれた山手エリア。文学館、博物館等の施設も充実。
中華街
山下公園通り
水町通り
大桟橋
フィールドワークは楽しいね。次はどこに行こうかな!
カトリック山手教会
山手公園
山下公園
旧山手68番館
フェリス女学院大学
元町公園
マリンタワー
氷川丸
アメリカ山公園
4 山下ヘボン邸跡(居留地39番)
エリスマン邸
6 横浜外国人墓地
元町・中華街
横浜人形の家
横浜港
横浜ブリキのおもちゃ博物館
岩崎博物館
フランス橋
山手111番館
港の見える丘公園
5 山手ヘボン邸跡(山手245番)
大佛次郎記念館
神奈川近代文学館
山下埠頭
聖坂養護学校
横浜ベイブリッジ
W
S
N
E

横浜フィールドワーク

横浜は、明治学院の創設者ヘボン博士夫妻のゆかりの地です。
数々の史跡を訪ねながら、横浜散策を楽しんでください。

1

横浜指路教会

ヘボン博士などの尽力により1892年に献堂された初代教会堂は関東大震災で壊れた。この教会堂は二代目で横浜市認定歴史的建造物に指定される。

2

横浜開港資料館

開港した横浜の波止場前にあった旧英国総領事館の建築で、開港時の多くの資料が展示されている。２階には床に横浜居留地の地図が描かれ、39番地にはヘボン博士のコーナーがあり、『和英語林集成』と手紙が展示されている。

3

横浜海岸教会

日本初のプロテスタント教会。ヘボン塾を継いだJ.C.バラの兄、J.H.バラが創建した。小会堂で始められた「バラ塾」(明治学院源流の1つ)では、青山学院長・本多庸一、東北学院創設者・押川方義、明治学院総理(学院長)・井深梶之助らも学んでいる。

4

山下ヘボン邸跡(居留地39番)

1862年12月、ヘボン夫妻は仮の宿神奈川・成仏寺から住居、施療所、礼拝堂兼教室を備えた横浜居留地39番地に移転した。翌1863年、明治学院の源流となるヘボン夫妻の塾が開かれた。

5

山手ヘボン邸跡(山手245番)

1876年、ヘボン塾をJ.C.バラに引き継いだ後、ヘボン博士はここ山手に新たに居を構え、『旧・新約聖書』の翻訳に力を注いだ。山手245番の跡地にはヘボン博士のブロンズのレリーフが取り付けられた門柱が建っている。

6

横浜外国人墓地

日本で没した明治学院の宣教師とその家族の多くは、青山霊園と白金の瑞聖寺、横浜外国人墓地に眠る。入口の資料館には、ヘボン塾で教えたJ.H.バラ夫人やルーミス夫妻、島崎藤村に英語を教えたJ.T.スウィフトのパネルが展示されている。

築地を歩いてみよう Tsukiji Field Work

浜離宮庭園
浜離宮朝日ホール
都営大江戸線
新橋演舞場
築地市場
1 市場橋公園
東京盲啞学校発祥の地、
日本点字制定の地
東京メトロ銀座線
銀座
銀座教文館
東銀座
銀座三越
中央通り
銀座一丁目
松屋銀座
銀座・伊東屋
東京メトロ日比谷線
歌舞伎座
昭和通り
都営浅草線
築地と銀座とはすぐに歩いて行ける距離。時代の最先端をリードするこのエリアにも近代日本の歴史は深く刻まれている。
晴海通り
築地本願寺
築地
新大橋通り
この聖路加病院の周辺一帯は、女子学院、女子聖学院、関東学院（東京中学院）、暁星学園、雙葉学園、慶応義塾などの発祥の地としても有名!
築地川公園
新富町
明治の人たちが徒歩で通っていた道のりを、自分でも実際に歩いて確かめてみたい。
勝鬨橋
立教学院発祥の地 2
聖路加国際大学
居留地通り
隅田川
あかつき公園
聖路加国際病院
明治学院発祥の地記念碑
ヘンリー・フォールズ住居跡 3
4
5
青山学院記念の地碑
聖路加ガーデン
明石町河岸公園
日本のミッションスクールの発祥がここに集中しているのは何故か、探ってみたい。
東京メトロ有楽町線
佃大橋
佃公園
石川島資料館
月島
都営大江戸線
石川島公園
6
海水館の碑
晴海運河
W
S
N
E

築地 フィールドワーク

築地は、横浜とともに明治学院ゆかりの地です。他のキリスト教学校発祥の史跡を訪ねると共に、築地散策を楽しんでください。

1

東京盲唖学校発祥の地、日本点字制定の地 （市場橋公園内）

明治学院の前身、築地大学校教師の宣教医フォールズ博士が呼びかけ、1875（明治8）年「楽善会」が結成され、ヘボン博士の「ヨハネによる福音書９章」を、触れて読む凸字で制作。これが日本初の盲人用特殊教育教科書に。楽善会創設の「訓盲院」は、東京盲唖学校となり、筑波大学附属視覚特別支援学校へと発展した。

2

立教学院発祥の地

1874（明治7）年、米国聖公会宣教師のチャニング・ムーア・ウィリアムズ主教が築地の居留地に聖書と英学を教える私塾「立教学校」を開いた。当初は、わずか数人で始まった学校が現在の立教大学の前身である。

3

ヘンリー・フォールズ住居跡

築地大学校教師の宣教医ヘンリー・フォールズ博士は、日本の拇印の習慣から、「指紋は個人識別に利用できる」ことを発見し、1880（明治13）年に、日本から英国の雑誌『ネイチャー』に論文を投稿した。これは指紋研究の世界初の論文であり、ここが「指紋研究発祥の地」として碑が立てられた。

4

明治学院発祥の地記念碑

横浜の塾や学校は東京築地に移転して明治学院の基礎となる。碑が建っているのは神学塾が合同した「東京一致神学校」が1877年に校舎を構えた場所。このブロック内に1880年、横浜のヘボン塾が発展した「バラ学校」に「先志学校」が加わり、「東京一致英和学校（築地大学校）」が創設された。さらに「東京一致英和予備校」もできて、白金の明治学院へと移転していく。

5

青山学院記念の地碑

青山学院は、米国のメソジスト監督教会の宣教師により創設された３つの学校を源流とする。1874年にスクーンメーカー女史が麻布に開校した「女子小学校」、1878年にソーパー博士が築地に開校した「耕教学舎」、1879年にマクレイ博士が横浜に開校した「美會神学校」が合同して、1894年に青山学院という名称となった。

6

海水館の碑

ここは1896（明治29）年に完成した新佃島埋立地の一部で、房総の山々が望める景勝地であった。1905年、坪井半蔵によって割烹旅館・海水館が建てられ、島崎藤村は、1907年から1908年にかけて海水館に止宿して自伝小説『春』を書き朝日新聞に連載した。碑は、1968年、明治学院大学藤村研究部により建立された。

わたしたちの本国は天にある①

（フィリピの信徒への手紙 3章20節）

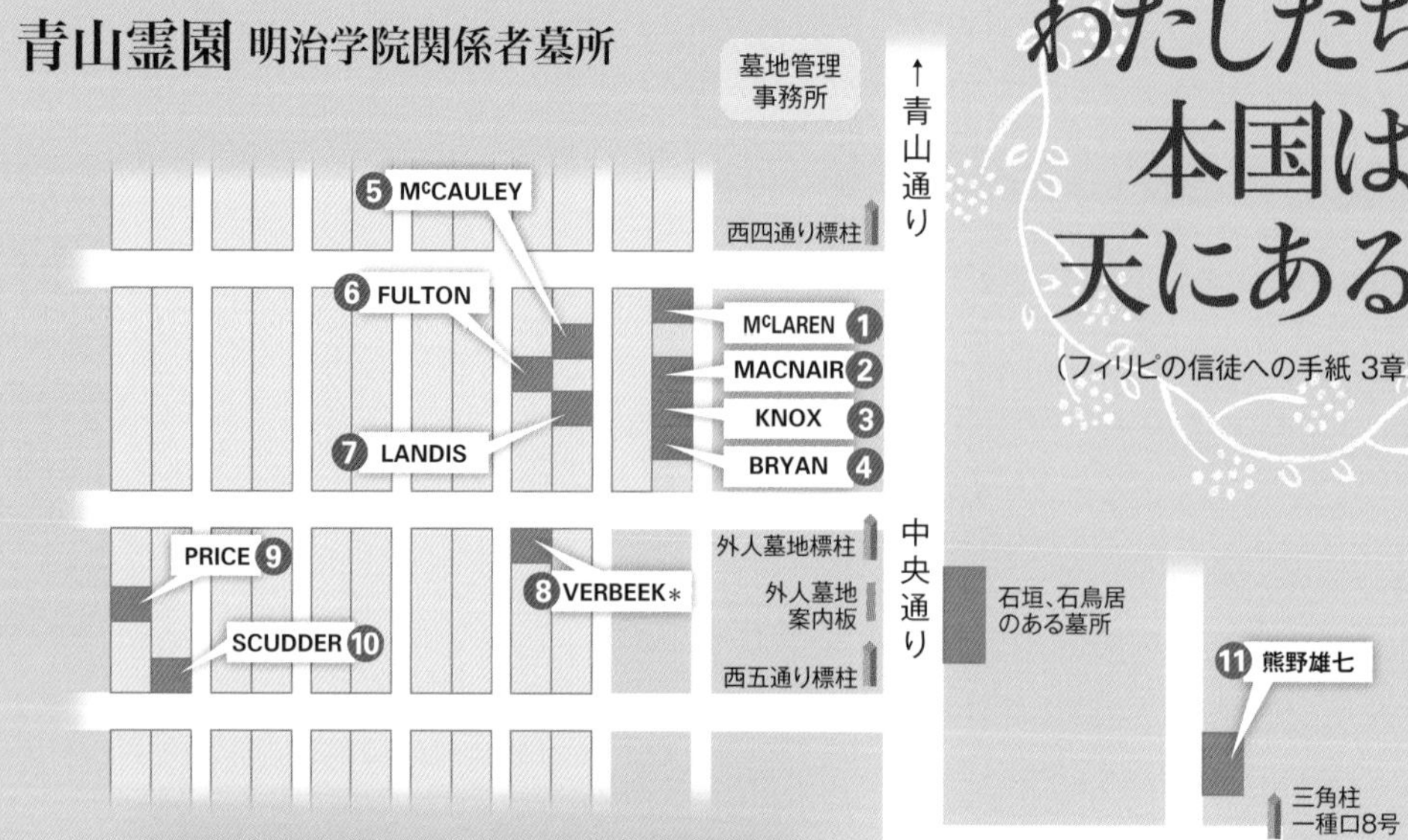

フルベッキらの墓を望む

①**M.マクラーレン**（1878-1883）、S.G.マクラーレン（1840-1914）の娘が眠る。マクラーレン宣教師は東京一致神学校教授として旧約聖書歴史や聖書文学を担当。その後、オーストラリアに移住し女子大学で22年間学長を務めた。

②**T.M.マクネア**（1858-1915）**本人、A.G.マクネア（妻）、J.マクネア（娘）**が眠る。T.M.マクネア氏は学生時代にフットボール選手として活躍。東京一致神学校、明治学院で論理学・歴史学を教授。明治学院野球チームの強化にも尽力。

③**I.ノックス**（1886-1886）、G.W.ノックス（1847-1912）の赤子が眠る。G.W.ノックス宣教師はバラ学校、築地大学校、東京一致神学校、明治学院で弁証論、説教学、牧会学等を教授。高知伝道にも携わる。帰国後、米国ユニオン神学校教授となる。

④**D.ブライアン**（1883-1886）、A.V.ブライアン（1856-1931）の息子が眠る。A.V.ブライアン宣教師はアメリカ長老教会伝道局より派遣され、34年間、日本で奉仕活動を行なった。

⑤**J. M.マコーレー** （1847-1897）**本人**が眠る。アメリカ長老教会派遣宣教師。タイでの奉仕の後、築地大学校、東京一致神学校、明治学院で歴史学と倫理学を教授。夜間にも特別クラスを開き英語を教えた。

⑥**K.B.フルトン**（1894-1904）、S.P.フルトン（1865-1938）の息子が眠る。アメリカ南長老教会派遣のフルトン宣教師は、明治学院神学部で新約釈義等を教授した後、神戸神学校校長となる。同時期に賀川豊彦も同校に転校した。

⑦**F.ランディス**（1889-1892）、H.M.ランディス（1857-1921）の息子が眠る。H.M.ランディス教授は明治学院でラテン語・ギリシャ語等を担当。明治学院記念館（当時の神学部教室兼図書館）の設計に携わる。文部省訓令12号問題にも関わる。

⑧**G.F.フルベッキ**（1830-1903）**本人、M.M.フルベッキ**（1840-1911）**（妻）**が眠る。アメリカ・オランダ改革教会宣教師として長崎に上陸。長崎・佐賀の藩校で教えた生徒が明治政府の指導者となる。開成学校（東京大学）教頭後、明治学院理事・教授。1911年4月、M.M.フルベッキ夫人が米国カリフォルニア州で召天。同年7月、遺骨を夫の墓に納骨。

⑨**H.B.プライス**（1864-1906）**本人**が眠る。アメリカ南長老教会派遣宣教師。名古屋、徳島、神戸で伝道。神戸神学校の英語教師も務める。会堂建築協会を組織し、教会建築と自給独立を促した。

⑩**S.Florence スカッダー** （1875-1906）、Frank S.スカッダーの妻が眠る。F.S.スカッダー宣教師は新潟で伝道活動。日本基督教会牧師・園部丑之助（明治学院神学部卒）に洗礼を施す。その後、ハワイに招聘された。

⑪**熊野雄七**（1852-1921）**本人**他が眠る。肥前（長崎・佐賀）出身。戊辰戦争時、明治政府側として会津若松城攻撃のため戦う。ブラウン塾で学び横浜共立学校で教鞭、横浜海岸教会長老として働く。明治学院幹事として25年間、井深梶之助を支えた。

⑫**井深梶之助**（1854-1940）**本人**他が眠る。会津若松出身。戊辰戦争時、幕府側として会津若松城防衛のため戦う。ブラウンより受洗。東京一致神学校第一回卒業生で牧師。米国ユニオン神学校卒業後、第二代総理（学院長）として明治学院の発展に尽力した。

＊英語表記はVERBECKが多いが、オランダ語表記はVERBEEKとも記す。ここでは墓石の通り、VERBEEKとした。

白金：黄檗《おうばく》宗紫雲寺

瑞聖寺《ずいしょうじ》 明治学院関係者墓所

わたしたちの本国は天にある②

（フィリピの信徒への手紙 3章20節）

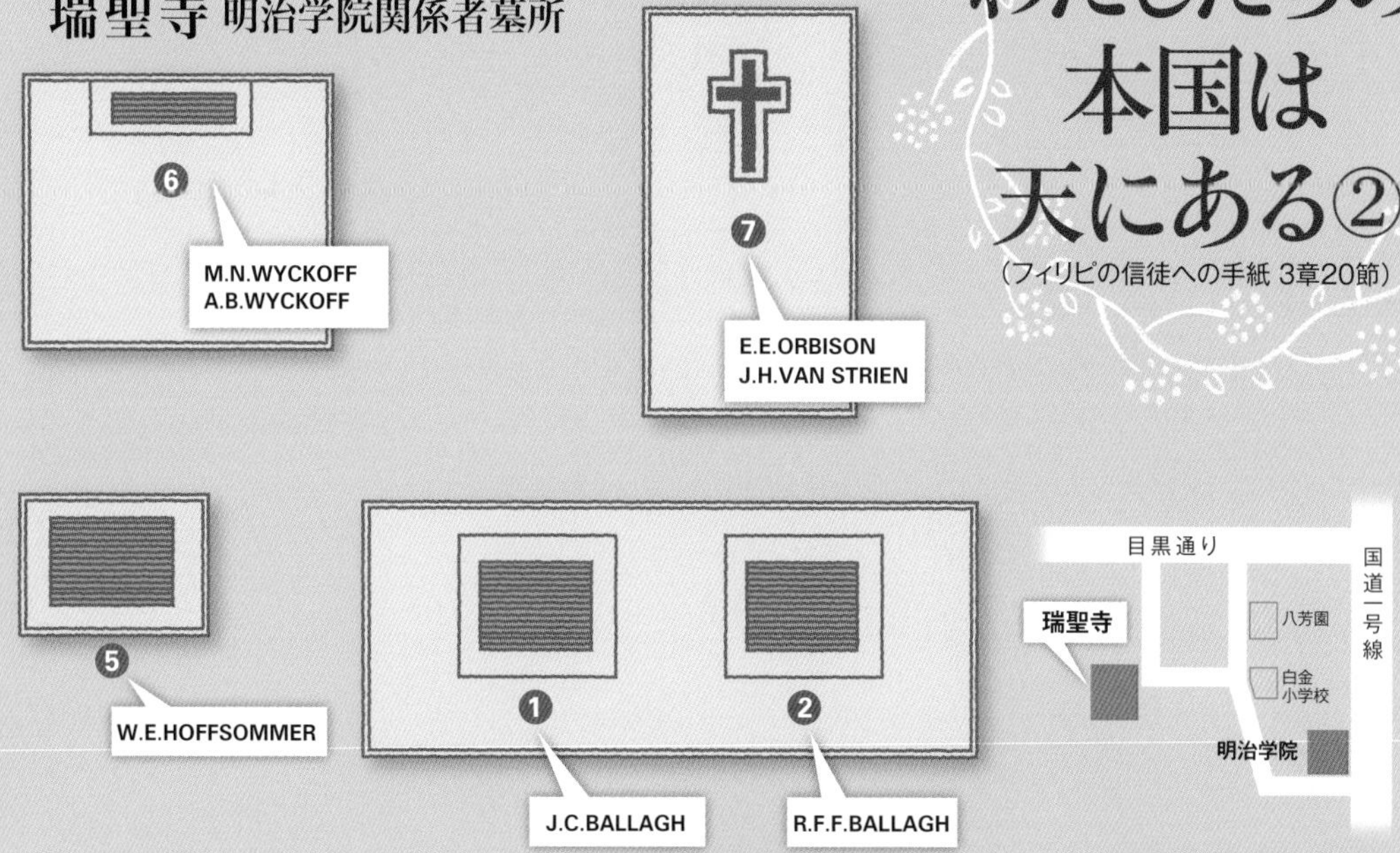

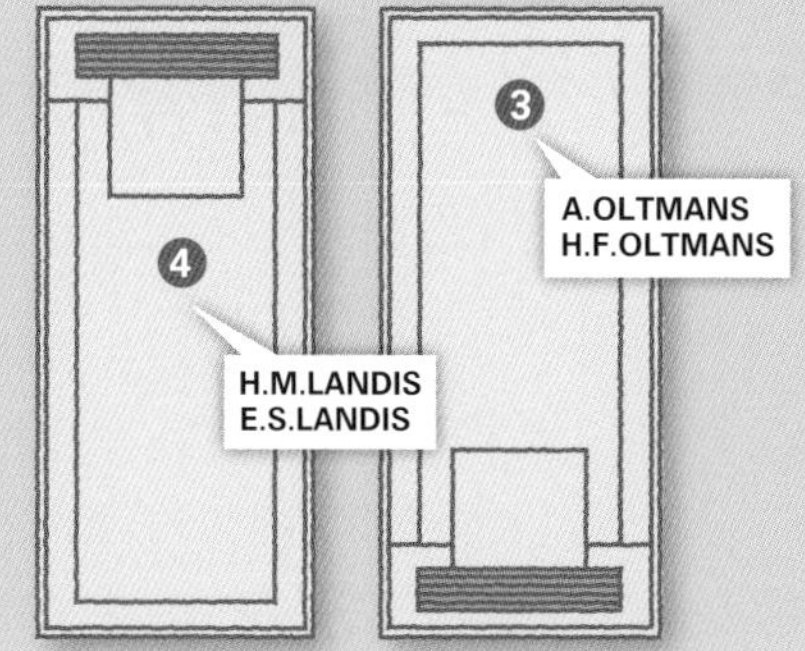

入構の際は予め許可を得てください。

①**J.C.バラ**（1842-1920） アメリカ長老教会派遣宣教師で、日本最初のプロテスタント教会である日本基督公会設立者のJ.H.バラ教授の弟。ヘボン夫妻からヘボン塾を引き継ぎ、バラ学校として熱心に教育に当たった。その後、バラ学校は築地に移転し、東京一致英和学校に発展した。主に、数学、天文学、簿記学を教授した。

②**R.F.F.バラ**（1850-1917）、J.C.バラの妻。アメリカ長老教会派遣宣教師。島崎藤村の卒業写真にもヘボン博士やJ.C.バラと共に写っている。

③**A.オルトマンス**（1854-1939） オランダで誕生。アメリカ・オランダ改革教会宣教師で、ホープカレッジ出身の最初の日本宣教師として派遣された。長崎・東山学院校長、明治学院神学部教授、明治学院総理事務取扱、フェリス女学校臨時校長を歴任。ハンセン病患者の救済・伝道に取り組む。

H.F.オルトマンス（1888-1927） A.オルトマンスの第一子（長男）。

④**H.M.ランディス**（1857-1921） プリンストン大学神学部卒業後来日し、明治学院の教授となる。ラテン語・ギリシャ語・フランス語・ドイツ語・英語を駆使した講義は学生たちから尊敬を受けた。明治学院記念館（当時、神学部教室および図書室）を設計したといわれる。

E.S.ランディス（1858-1935） H.M.ランディスの妻。ドイツ生まれ。明治学院で、ドイツ語、フランス語を教えた。教え子たちに、“My heart is always remaining in Meiji Gakuin.” と話していたという。学生たちから「明治学院の母」と慕われた。

⑤**W.E.ホフソンマー**（1880-1922） アメリカ・オランダ改革教会宣教師。明治学院高等学部で社会教育学、歴史学、英文学等を教授。朝鮮半島からの留学生、白 南薫（パク ナムン）を援助。後にアメリカンスクールの校長に就任。

⑥**M.N.ワイコフ**（1850-1911） アメリカ・オランダ改革教会宣教師。横浜先志学校校長、築地大学校、東京一致英和学校で教え、後に明治学院普通学部教授として化学、物理、英文学、英語学を担当。社会事業団体「好善社」理事長として、ハンセン病患者の生活施設を経営した。

A.B.ワイコフ（1850-1920） M.N.ワイコフの妻。同一墓石に刻成。

⑦**E.E.オービソン**（1889-1913） アメリカ・オランダ改革教会宣教師である明治学院教授D.バン・ストレーンの妻。

J.H.バン・ストレーン（1913） アメリカ・オランダ改革教会宣教師である明治学院教授D.バン・ストレーンの子。

島崎藤村ゆかりの地 信州小《こ》諸《もろ》を歩いてみよう

Komoro Field Work

島崎藤村（1872-1943）

「文学界」を創刊し、教職に就きながら詩を発表。長編小説『破戒』、その後『家』を発表し自然主義文学の代表者とも目される。『夜明け前』、『桜の実の熟する時』も有名。明治学院校歌の作詞者でもある。

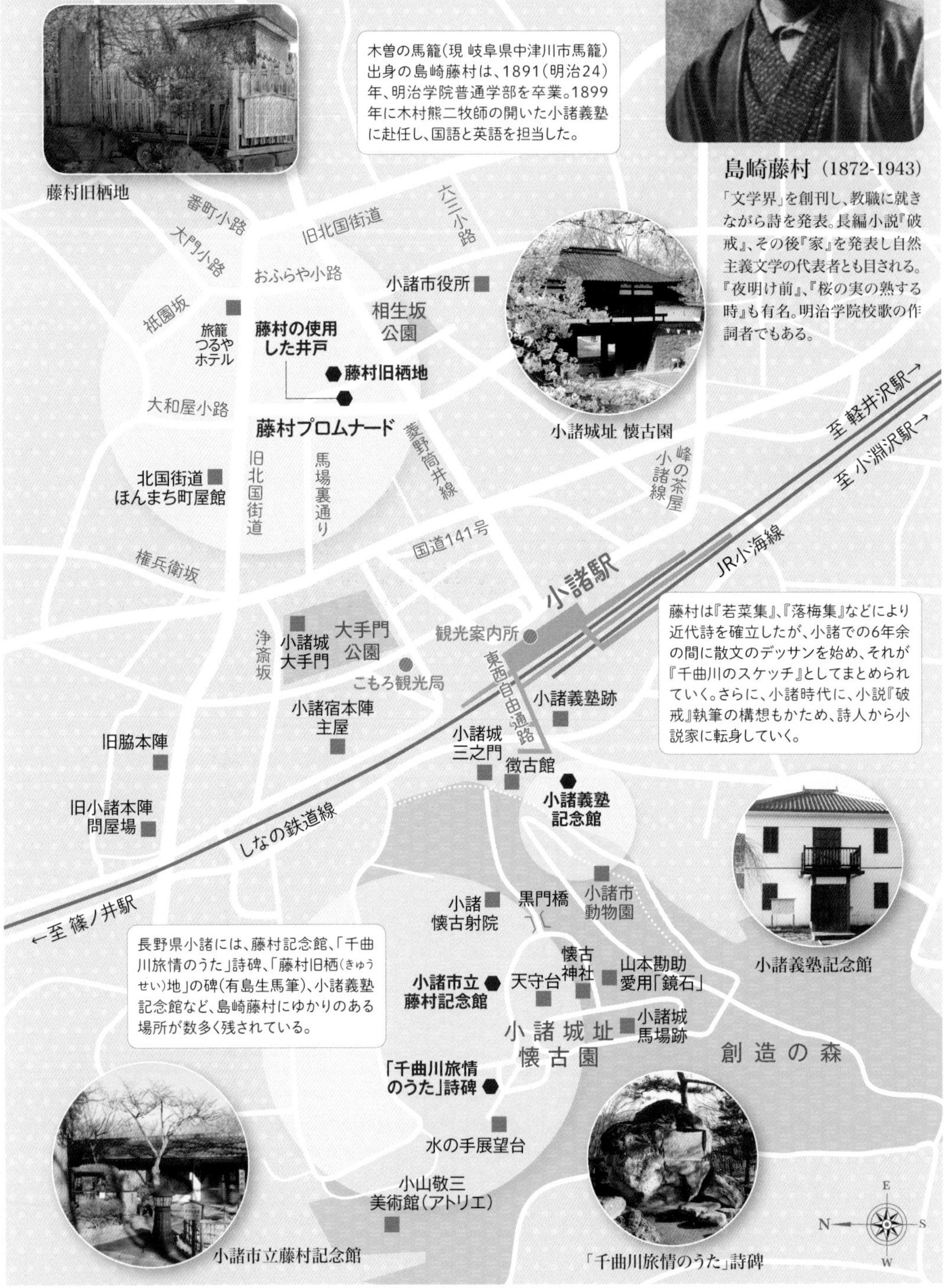

木曽の馬籠（現 岐阜県中津川市馬籠）出身の島崎藤村は、1891（明治24）年、明治学院普通学部を卒業。1899年に木村熊二牧師の開いた小諸義塾に赴任し、国語と英語を担当した。

藤村は『若菜集』、『落梅集』などにより近代詩を確立したが、小諸での6年余の間に散文のデッサンを始め、それが『千曲川のスケッチ』としてまとめられていく。さらに、小諸時代に、小説『破戒』執筆の構想もかため、詩人から小説家に転身していく。

長野県小諸には、藤村記念館、「千曲川旅情のうた」詩碑、「藤村旧栖（きゅうせい）地」の碑（有島生馬筆）、小諸義塾記念館など、島崎藤村にゆかりのある場所が数多く残されている。